Clematis
& andere Kletterpflanzen

besser gärtnern

Clematis
& andere Kletterpflanzen

David Gardner

DORLING KINDERSLEY

DORLING KINDERSLEY
LONDON, NEW YORK, MELBOURNE,
MÜNCHEN UND DELHI

GESTALTUNG Rachael Smith, Vanessa Hamilton
LEKTORAT Zia Allaway
HERSTELLUNG Rebecca Short

CHEFLEKTORAT Anna Kruger
CHEFBILDLEKTORAT Alison Donovan
DTP-DESIGN Louise Waller
BILDRECHERCHE Lucy Claxton, Richard Dabb, Mel Watson

FÜR DORLING KINDERSLEY PRODUZIERT
von Airedale Publishing Limited
LEITUNG GESTALTUNG Ruth Prentice
LEITUNG HERSTELLUNG Amanda Jensen

FOTOS Mark Winwood

Für die deutsche Ausgabe:
PROGRAMMLEITUNG Monika Schlitzer
PROJEKTBETREUUNG Regina Franke
HERSTELLUNGSLEITUNG Dorothee Whittaker
HERSTELLUNG Petra Schneider
COVERGESTALTUNG Maxie Zadek

Bibliografische Information Der Deutschen Bibliothek
Die Deutsche Bibliothek verzeichnet diese Publikation in der Deutschen Nationalbibliografie;
detaillierte bibliografische Daten sind im Internet über http://dnb.ddb.de abrufbar.

Titel der englischen Originalausgabe:
RHS Simple Steps: Clematis and Climbers

ÜBERSETZUNG Harda Kuwer
REDAKTION Sabine Drobik
SATZ Beate Fellner

ISBN: 978-3-8310-0986-2

Colour reproduction by Colourscan, Singapore
Printed and bound in Singapore by Star Standard

Besuchen Sie uns im Internet
www.dk.com

Inhalt

Gestalten mit Kletterern

Kletterpflanzen bieten sowohl Berufs- als auch Hobbygärtnern eine Vielzahl an Gestaltungsmöglichkeiten. Sie hüllen Pergolen, Bögen oder Lauben in üppiges, von duftendem Flor durchsetztes Grün und bereichern die Bepflanzung eines Innenhofs um eine vertikale Komponente. Wenn sie sich durch das Geäst von Bäumen und Sträuchern ranken, profitieren beide – der Eroberer ebenso wie seine Stütze. Nüchterne Begrenzungen lassen sich mit ihnen in freundlich grüne, blütenbunte Schmuckstücke verwandeln. Selbst die unansehnlichsten Flecken im Garten verschwinden unter einem Schleier dicht belaubter Triebe. Blättern Sie dieses Kapitel durch und holen Sie sich die verschiedensten Anregungen für die Gestaltung mit Kletterern!

Kletterpflanzen für Pergolen, Bögen und Lauben

Bieten Sie Kletterern ein geeignetes Gerüst – und sie werden Sie mit Farbe und Duft reich belohnen. Ganz gleich, ob Sie sich für eine moderne Pergola, einen rustikalen Bogen oder eine traditionelle Rosenlaube entscheiden, mit der passenden Begrünung wird jede Kletterhilfe ein Fest für die Sinne.

Abbildungen im Uhrzeigersinn von oben links

Pfosten einer Pergola Die wuchtigen Pfeiler dieser Holzpergola werden von den duftenden Blüten des Chinesischen Sternjasmins (*Trachelospermum jasminoides*) völlig in Beschlag genommen. Einen Tisch mit Stühlen daneben gestellt, und schon hat man das perfekte Ambiente, um zu entspannen und den Garten zu genießen. Nicht minder ansehnlich wäre eine Kletterrose im Verbund mit einer *Clematis*. Ein regelrechtes Farbenmeer entsteht, wenn man an jedem Pfosten eine andere Rosen-*Clematis*-Kombination hochzieht und obendrein Sorten wählt, die zu verschiedenen Jahreszeiten blühen.

Ein würdiger Rahmen Ein Blickfang im Garten, zu dem ein Pfad führt, lässt sich mit einem Bogen und einer blumenreichen Umrahmung stilvoll unterstreichen. Hier wird eine Holzbank von den Blütenkaskaden einer Kletterrose eingefasst, die die gusseiserne Arkade erobert hat und den Betrachter zum Erkunden neuer Gartenwinkel einlädt. Experimentieren Sie mit weiteren Blickfängen wie einer Statue, einem Vogelbad oder auch einem Solitärbaum bzw. -strauch, die den Blick auf sich ziehen.

Den Bogen raus Ein leichter Bogen aus Bambusstäben ist im Nu aufgestellt. Einjährige Kletterpflanzen wie Duft-Wicken (*Lathyrus odoratus*) haben ihn bald erstürmt und machen sich den ganzen Sommer über als lange haltendes, duftendes Blütendekor nützlich. Ein modernes Flair verbreiten verschraubte Leichtmetallbögen, die während der warmen Jahreszeit kurzlebige Kletterer tragen und am Ende der Saison zerlegt werden, um im nächsten Frühjahr erneut zum Einsatz zu kommen.

Kletterpflanzen für Pergolen, Bögen und Lauben *Fortsetzung*

Abbildungen von links nach rechts

Gerahmte Ansicht Einfache Rahmen unterstreichen ein Motiv am besten. Hier rückt ein mit Efeu (*Hedera*) bewachsener Bogen die Fackellilien (*Kniphofia*) ins rechte Blickfeld.

Exotische Bougainvillea Eine *Bougainvillea* mit leuchtend rosafarbenen Blüten hat die weiße Pergola in Beschlag genommen. Wie die zinnoberroten Pelargonien verbreitet sie eine mediterrane Atmosphäre. Zusammen mit den farbenfrohen Gartenmöbeln erinnert dieser einladende Winkel an heiße Urlaubstage im Süden. Allerdings müssen *Bougainvillea* bei Frostgefahr nach drinnen gebracht werden.

Geißblattlaube Wer eine Laube mit allen Sinnen genießen will, begrünt sie mit duftendem Geißblatt (*Lonicera*). Hier lässt man sich gern nieder, um die Bienen zu beobachten und die Wohlgerüche der Blüten auf sich wirken zu lassen.

Clematis-Bogen Das rostende Metall dieses Bogens ist die ideale Stütze für eine *Clematis* mit strahlend purpurroten Blüten. Beflissen klettert sie nach oben und lugt dabei auf beiden Seiten des Rahmens hervor.

Kletterer für Gefäße

Kletterpflanzen müssen nicht auf Rabatten und Beete beschränkt bleiben, sie lassen sich auch in Gefäßen aller Größen und Formen ziehen. Ob Terrakottatopf oder Flechtgerüst, Hängekorb oder verzinktes Metallgefäß, die Auswahl ist riesig. Im Grund eignet sich jeder Behälter als Lebensraum für Kletterer, solange er ein Abflussloch besitzt.

Abbildungen im Uhrzeigersinn von oben links
Baumschmuck Die *Clematis* 'Silver Moon' hat mit ihren silbrig rosalilafarbenen Blüten den gesamten Hängekorb überwuchert und bietet im Sommer einen rundum ansprechenden Anblick.
Traditionelles Flechtgerüst Für eine solche Rankhilfe braucht man einen wuchskräftigen Kletterer. Hier überwuchert eine Gelappte Sternwinde (*Ipomoea lobata*) das Geflecht und trumpft mit einer spektakulären Blütenschau in Gelb, Orange und Rot auf.
Grüne Köpfe Die beiden Efeu-Exemplare wurden an Stäben hochgezogen, die man in die Topfmitte gesteckt hat. Durch sorgfältige Erziehung und intensiven Schnitt entstand eine Form, die an Hochstämmchen erinnert.
Zwei Herzen Efeu-Pflänzchen an herzförmigen Drahtgerüsten sind ein ebenso einfaches wie wirkungsvolles Dekor. Regelmäßiger Schnitt hält sie in Form.

Kletterer für Gefäße *Fortsetzung*

Abbildungen im Uhrzeigersinn von oben links
Holzpyramide Die über einen Tontopf gestülpte Holzpyramide bringt Abwechslung in den Garten und dient der Klettergloxinie (*Lophospermum erubescens*) mit ihren zarten, rosaroten Blüten als Stütze. Topf und Pyramide müssen gelegentlich gedreht werden, damit alle Seiten Sonne bekommen und ein gleichmäßiger Wuchs gewährleistet bleibt. Irgendwann einmal sollte der Kletterer das Gerüst vollständig überwuchern.
Hochgeschraubt In einem rechteckigen Keramiktopf zieht sich eine *Clematis* an einer Kletterspirale hoch und bildet eine farbenfrohe, sommerliche Blütensäule. Ein simples, aber unübersehbares Arrangement entsteht, wenn man vier, fünf kompakte *Clematis* mit rosa- und purpurfarbenen Blüten auf diese Weise zu Säulen formt und rhythmisch gegliedert nebeneinander stellt.
Unwirtliche Winkel Kletterpflanzen in Gefäßen verpassen unansehnlichen Mauern und Gebäuden das ideale Lifting. Dieser immergrüne Chinesische Sternjasmin (*Trachelospermum jasminoides*) hält sich an einer einzelnen vertikalen Stütze in einem großen Terrakottatopf fest und erfüllt die Ecke zwischen den Holzwänden mit Farbe und Duft.
Wickenturm Das große verzinkte Metallgefäß bietet den Duft-Wicken (*Lathyrus odoratus*) genau den tiefgründigen Wurzelraum, den sie brauchen, um das hohe Stangenzelt im Handumdrehen zu erklimmen und es mit einer Fülle blauer und rosafarbener Blüten zu bedecken. Den oberen Topfrand kaschieren die orangefarbenen und roten Blüten der Großen Kapuzinerkresse (*Tropaeolum majus*).
Hängen statt klettern Ohne Stütze geben manche Kletterpflanzen hervorragende Hängepflanzen ab. Dieser kunterbunte Fensterkasten wurde mit gelben und purpurfarbenen Veilchen (*Viola*), Lobelien und Strohblumen (*Helichrysum*) gefüllt. Weißer Efeu (*Hedera*) fällt über den Rand des Kastens und verhüllt ihn fast vollständig.

Kletterer an Bäumen und Sträuchern

An lebenden oder auch abgestorbenen Bäumen und Sträuchern lassen sich Kletterpflanzen besonders effektvoll in Szene setzen. Versuchen Sie die Gehölze in Ihrem Garten deshalb einmal mit anderen Augen zu sehen: als Stütze für Kletterer. Probieren Sie einfach aus, welche Kombinationen am besten passen.

Abbildungen im Uhrzeigersinn von links

Der Reiz des Vergänglichen Tote Baumstämme sind dank ihrer knorrigen, rissigen Borke die ideale Bühne für den großen Auftritt der Prunkwinde *Ipomoea tricolor* 'Heavenly Blue' mit brillantblauen, trompetenförmigen Blüten. Man pflanzt sie um den Stamm herum oder setzt sie in Töpfe und erleichtert ihnen den Senkrechtstart mit ein paar Drähten, die am Stamm befestigt sind. Noch auffälliger wirkt das Ganze, wenn man mehrere Blütenfarben kombiniert.

Herbstfarbe Wenn sich im Herbst das Laub verfärbt, nehmen die Blätter der Reben (*Vitis*) ein lebhaftes Rot an und scheinen förmlich über dem noch grünen Laub des Hartriegels (*Cornus*) zu schweben. So kurzlebig das spannungsreiche Miteinander der beiden auch sein mag, es steht garantiert im Mittelpunkt des Gartens und sorgt für einen fulminanten Paukenschlag im Gartenorchester, bevor der Winter die Oberhand gewinnt.

Aufeinander abgestimmt Timing ist alles – das beweist auch die geschickte Kombination aus *Ceanothus arboreus* 'Trewithen Blue' und *Clematis montana* var. *rubens*. Dieses auffällige Schauspiel aus Blütenformen und -farben bringt im Juni und Juli Schwung in das Gartenleben. Die Triebe der *Clematis* müssen durch die Säckelblume (*Ceanothus*) hindurchgeführt werden.

Erfolgsduo Hier bereichern die sternförmigen, rosafarbenen Blüten einer Alpen-Waldrebe (*Clematis alpina*) die Krone eines kleinen Apfelbaums, der gerade ebenfalls in vollem Flor steht und mit seinen kleinen, rosafarbenen Sträußchen der *Clematis* durchaus Paroli bietet.

Begrünung von Gartenelementen

Nüchterne Rankgitter oder eine Gruppe hochwertiger Terrakottatöpfe können durch Kletterpflanzen zu spannungsreichen und belebten Gartenelementen, voll leuchtender Farbkraft werden.

Abbildungen im Uhrzeigersinn von links
Krönung Dieses große Regal ist mit Blumentöpfen aus Ton gefüllt. Wie ein Schleier überzieht die Berg-Waldrebe *(Clematis montana)* die Konstruktion. Ihre wandernden Triebe lockern die harten Linien auf, unterstreichen jedoch auch die Gleichförmigkeit der gestapelten Gefäße. Die blass rosafarbenen Blüten passen zur Farbe des Tons und verleihen dem gesamten Ensemble eine gewisse Weichheit.
Begleiter Eine Kombination aus Gewöhnlichem Hopfen (*Humulus lupulus*) und Gold-Hopfen (*Humulus lupulus* 'Aureus') fasst diese Steinstatue ein, während darunter eine üppige Patiorose um die Aufmerksamkeit des Betrachters buhlt.
Kaschiertes Gitter Mit ihrem zartgrünen Laub und den auffallenden Blüten sind *Clematis* bestens geeignet, die harte, geometrische Struktur von Rankgittern aufzulockern. Hier hat eine *Clematis florida* var. *sieboldiana* beide Seiten eines recht nüchternen Holzgitters erobert.

Kaschieren von unschönen Stellen

Verstecken Sie unansehnliche Elemente und Bereiche Ihres Gartens hinter hübschen Kletterpflanzen. Ob Sie etwas vorübergehend verhüllen wollen oder einen dauerhaften grünen Wall brauchen, es gibt das passende Gewächs.

Abbildungen im Uhrzeigersinn von oben links

Weichzeichner Selbst der ansehnlichste Komposter ist nicht sonderlich dekorativ. Stellen Sie um ihn herum Rankgitter auf, an denen Sie Kletterer wie diese lila Rose hochziehen. Sie verwischen die Konturen.

Herbstgewand Dieses winzige Gartenhäuschen ist über und über mit einer Rostroten Rebe *(Vitis coignetiae)* in schönster Herbstlivree bedeckt. Die Farbe ihrer herzförmigen Blätter geht zum Ausklang der Saison in einen Mix aus blutroten und gelben Tönungen über.

Völlig vermummt Hinter dem Mantel aus *Actinidia kolomikta* und einem weißblütigen *Solanum laxum* 'Album' verschwindet der Holzschuppen nahezu vollständig. Begrünen Sie ein bauliches Element wie dieses an möglichst vielen Seiten mit Kletterern.

Vorteilhaftes Kleid Hinter einer dichten *Clematis* verschwimmen die Konturen eines Wasserfasses. Der Blick wird von den schönen, weißen Blüten der Sorte 'Miss Bateman' magisch angezogen.

Eine Rabatte nach oben erweitern

Kletterpflanzen überragen spielend die Hauptmasse einer Rabatte und avancieren so zu markanten Blickfängen im Garten. Sie zeigen sich auf oder sogar über Augenhöhe von ihrer schönsten Seite und sind immer eine Bereicherung.

Abbildungen im Uhrzeigersinn von links
Holzobelisk Ein mit den zart rosafarbenen Blüten einer gefüllten Kletterrose bedeckter Holzobelisk bereichert jedes Grün. Kletterrosen sind ziemlich schwer und brauchen daher massive Stützen. Regelmäßiger Schnitt sichert die Blühfreudigkeit.
Aufstrebend An diesem Weidengeflecht sorgt die lebhaft rosafarbene *Clematis* gemeinsam mit einer tiefblauen Säckelblume (*Ceanothus*) für eine regelrechte Farbkaskade.
Stars der Rabatte Wo eine Rabatte an einen Zaun oder eine Mauer grenzt, verstärken Kletterer die Wirkung des Ensembles. Sie führen das Auge über die unteren Ebenen der Pflanzung nach hinten und anschließend nach oben.

Eine Rabatte nach oben erweitern *Fortsetzung*

Abbildungen im Uhrzeigersinn von oben links

Hoch hinaus Mit einer schwarzen Rankhilfe wird die üppige, tief rosafarbene Blütenpracht einer *Clematis* nach oben geleitet und das Hochbeet so um eine neue Dimension erweitert. Indem man die Lücke zwischen zwei Hochbeeten mit einem Bogen überbrückt, lassen sich die beiden Pflanzungen auf originelle Weise verbinden. Zudem gelangen die Kletterer dadurch noch höher hinaus als mit einem auf Bodenniveau verankerten Gerüst.

Stangenzelt Einjährige Kletterer sind die Leichtgewichte der Sommerrabatte. Bieten Sie ihnen ein paar Zweige, an denen sie sich emporranken können. Die Blüten sollten leicht erreichbar sein, damit Sie Ihre Schnittblumen bequem erreichen – je mehr Sie abschneiden, desto reichlicher blühen die Pflanzen. Dieses Stangenzelt ist unter der blütenreichen, roten Duft-Wicke (*Lathyrus odoratus*) kaum noch zu erkennen. Solche unbeschwerten Gipfelstürmer sind besonders für ländliche Rabatten geeignet.

Vertikaler Blickfang Schnellwüchsiger Gold-Hopfen (*Humulus lupulus* 'Aureus') nimmt eine pfeilerartige Stütze im Nu in Beschlag. Hier erweitert er eine Rabatte mit Gelb als Leitthema um eine vertikale Komponente. Sein blasses Laub bildet die ideale Kulisse für niedrigere Nachbarn in der Pflanzung. Noch mehr Wirkung würde man mit zwei oder mehr um die Rabatte herum platzierten Pfosten erzielen.

Duftspender Nicht immer braucht man für eine Rabatte gleich haushohe Himmelsstürmer. Bauen Sie sich einen rustikalen Bogen oder eine einfache Stütze, die die duftenden Blüten gerade einmal auf »Nasenhöhe« hält. Diese cremeweiße Kletterrose gibt ihren sommerlichen Wohlgeruch genau dort frei, wo man ihn am meisten schätzt.

Einen Sichtschutz einrichten

Die meisten Kletterpflanzen sind recht schnellwüchsig und lassen sich im Garten zu dekorativen Sichtschutzhecken heranziehen. Stauden wachsen langsamer, werden dafür aber dichter, denn sie legen mit jeder Saison ein bisschen zu. Ihre einjährigen Vettern trumpfen in den heißen Monaten des Jahres auf, lassen nach der Blüte aber rasch nach.

Abbildungen im Uhrzeigersinn von oben links

Niedrige Barriere Offene Holzzäune können als Kletterstütze verwendet und dadurch zu niedrigen Sichtschutzhecken umfunktioniert werden. Hier tun sich eine Blaue Passionsblume (*Passiflora caerulea*) und eine Glockenrebe (*Cobaea scandens*) mit einer Kürbispflanze zu einem ungewöhnlichen Ensemble aus Frucht und Blüten zusammen, das man allerdings nur im Sommer genießen kann, denn keines der Gewächse ist winterhart.

Rosenwall Einen erhöhten Sichtschutz schafft man mit einem Gerüst aus hölzernen Stützen. Die gezeigten Kletterrosen dominieren den Bereich nicht nur, sie schützen den Hof auch vor der starken Mittagssonne.

Lattenzaun Kombinieren Sie farbenfrohe Kletterer mit lackiertem Holz. Dieser niedrige Lattenzaun bildet einen farblichen Gegenpol zum schwungvollen Orange der Großen Kapuzinerkresse (*Tropaeolum majus*), die durch die Bretter hindurch nach oben strebt.

Wetterschutz Die Triebe einer Weinrebe (*Vitis vinifera*) wurden zu einer lauschigen Laube geformt. Das Laubdach schützt vor der Sommerhitze – und sogar vor Regen, falls er nicht zu stark wird.

Blütendickicht Dieser Sichtschutz lebt von der dichten Blütenpracht der wuchskräftigen Rosensorte 'Summer Breeze', die sich durch das Gitterwerk flicht und das Tor romantisch rahmt. Für rosafarbene Einsprengsel sorgt eine *Clematis*.

Begrünung von Gebäuden

Kletterpflanzen werden seit jeher zur Aufwertung von Häusern und anderen Gebäuden eingesetzt. Man schätzt ihre Blüten, ihren Duft, ihre Blätter oder eine Kombination aus allen dreien. Einige Kletterer zeigen sich im Frühjahr und Sommer von ihrer besten Seite, andere machen vor allem im Herbst durch ihre leuchtende Laubfärbung auf sich aufmerksam.

Abbildungen im Uhrzeigersinn von oben links

Einladend Ein rustikaler Eingang wird von einem *Solanum crispum* 'Glasnevin' teilweise verhüllt. Seine purpurblauen Blüten erscheinen vom Sommer bis zum Herbst – ohne sie wäre die Tür nicht halb so einladend. Nimmt der Kletterer zu sehr überhand, zwickt man Triebe, die im Weg sind, einfach ab. Wie weit er sich ausbreiten darf, entscheiden Sie allein.

Efeuwall Die Dreilappige Jungfernrebe (*Parthenocissus tricuspidata*) hält sich ohne Stütze an der Wand fest. Sie ist die meiste Zeit des Jahres grün, doch im Herbst verwandelt sie die Fassade in ein feuriges Blättermeer (*siehe S. 31*). Die Farberuption ist zwar nur für kurze Zeit zu beobachten, doch lohnt es sich, auf sie zu warten.

Großer Auftritt Eine dekorative Rebe (*Vitis*) umrahmt diese Tür in gotischem Stil. Nach einem furiosen Finale in leuchtendem Rot fällt der herbstliche Laubvorhang endgültig.

Verwitterter Charme Aus einem baufälligen Schuppen wird ein fotogener Blickfang, sobald ein Kletterer sich des Nebengebäudes bemächtigt. Obwohl die *Clematis* 'Nelly Moser' gerade erst begonnen hat, über das schiefergedeckte Häuschen zu kriechen, verleiht sie ihm bereits einen ganz eigenen Charme. Bald wird sie das gesamte Dach mit ihrer sommerlichen Blütenpracht bedecken.

Grüne Haube Sogar eine hölzerne Hundehütte wird zum Hingucker, wenn man eine Große Kapuzinerkresse (*Tropaeolum majus*) darüber kriechen lässt. Weil sie nicht viel wiegt, nimmt das Domizil für den Wächter des Hauses keinen Schaden. Auch der Bewohner selbst scheint vom neuen Dekor seines Heims recht angetan zu sein.

Begrünung von Gebäuden *Fortsetzung*

Abbildungen im Uhrzeigersinn von oben links

Wisterien-Pracht Eine voll erblühte Wisterie ist als Wandbegrünung nur schwer zu übertreffen. Die hängenden Trauben aus lila Schmetterlingsblüten ziehen im Frühjahr oder Sommer unweigerlich die Blicke auf sich. Man kann mit Wisterien Fenster und Türen einrahmen, braucht jedoch eine tragfähige Stütze, denn die Triebe verholzen und werden mit der Zeit recht schwer. Hier ergänzt ein Prachtexemplar die rosafarbenen Tulpenblüten darunter perfekt.

Umrahmung Wenn man mit einer Kletterpflanze ein Fenster einrahmt, hat das einen großen Vorteil: Das Gewächs kann von drinnen und von draußen gleichermaßen bewundert werden. An einem sonnigen Tag vom Zimmer aus betrachtet, wirkt diese Dreilappige Jungfernrebe (*Parthenocissus tricuspidata*) fast wie ein Buntglasfenster. Da sie sich selbst festhält, erfordert sie kaum Pflege und muss höchstens gelegentlich zurückgestutzt werden, sofern sie sich zu stark ausbreitet.

Grüne Fassade Dank sorgfältigen Schnittes hat sich die Efeusorte *Hedera helix* 'Buttercup' nur dort ausgebreitet, wo sie erwünscht ist. Regelmäßiges Zurückstutzen fördert außerdem einen dichten, buschigen Wuchs, was diesem Kletterer zusätzlich zum Vorteil gereicht.

Blühender Willkommensgruß Gibt es an einer Tür eine stilvollere Einladung zum Eintreten als eine Kletterrose? Hier machen gelbe Blüten aus einem an sich schon interessanten Eingang etwas ganz Besonderes. Allerdings müssen Kletterer an Türen regelmäßig geschnitten werden. Überlässt man sie sich selbst, geraten sie schnell außer Kontrolle.

WORLD
HEADQUARTERS

Kletterer als Bodendecker

Sogar als Bodendecker leisten Kletterpflanzen vorzügliche Dienste. Viele breiten sich bereitwillig auf dem Boden oder über niedrigen Strukturen aus, die sie so in interessante Gartenelemente verwandeln. Zu den besten dieser Bodentruppen gehört der Efeu (*Hedera*).

Abbildungen im Uhrzeigersinn von oben links

Grüner Teppich Kletterpflanzen für trockene, schattige Standorte kann man in einem Garten immer brauchen. Der Kolchische Efeu *Hedera colchica* 'Sulphur Heart' bewährt sich hier als Bodendecker für einen Flecken nackter Erde unter einem Baum. Efeu treibt Wurzeln entlang seiner Triebe aus, weshalb er sich hartnäckig festsetzt und aus dem Boden herausgerissen oder abgeschnitten werden muss, wenn man ihn loswerden will. Falls der Bereich nicht in tiefstem Schatten liegt, kann man Zwiebeln wie Narzissen (*Narcissus*) oder Tulpen (*Tulipa*) in den grünen Teppich setzen. Sie sorgen im Frühjahr für Farbtupfer auf dem neutralen grünen Untergrund.

Blütenkranz Lassen Sie Ihre *Clematis* doch einfach einmal auf dem Boden liegen und beobachten Sie, wie sie darauf reagiert. Diese Sorte namens 'Nelly Moser' scheint keine senkrechte Stütze zu brauchen. Sie blüht unbekümmert am Ansatz eines Baumstamms und bringt Leben in einen ansonsten uninteressanten Bereich. Durch Kombination von zwei oder noch mehr Sorten an der Basis eines Stamms, an den Stützen einer Pergola oder sogar an einem alten Baumstumpf entsteht ein ansprechender Patchwork-Effekt. Genauso gut aber kann man eine *Clematis* durch eine Rabatte kriechen lassen oder mit anderen Kletterern experimentieren. Schlimmstenfalls siedelt man sie einfach an einen anderen Standort um.

Balustrade aus Efeu Hier hat man beide Seiten einer Treppe mit Efeu (*Hedera*) begrünt. Dabei sind niedrige, lange Polster entstanden. Der Kletterer mildert die harten Linien der Treppe und lenkt das Auge auf die Szene dahinter. Auch als Randeinfassung eines Weges oder einer Terrasse macht sich Efeu gut. Man kann sogar ein rhythmisches Muster schaffen, indem man eine blasse und eine dunkle Sorte abwechselnd pflanzt. Schneiden Sie die Polster regelmäßig.

Pflanzen und Stützen

Kletterpflanzen haben verschiedene Strategien entwickelt, um senkrechte Flächen zu erobern oder sich an Bäumen und Sträuchern hochzuziehen. In diesem Kapitel erfahren Sie, wie Ihre Kletterer sich festhalten und welche Stützen für sie am besten geeignet sind. Wenn Sie die leicht verständlichen Pflanztipps beherzigen, geben Sie Ihren Stauden und Sträuchern einen optimalen Start. Außerdem erfahren Sie, wie Sie Einjährige am besten aussäen, damit Sie ihre Blütenkaskaden im Sommer schon früh genießen können. Schritt-für-Schritt-Anleitungen veranschaulichen, wie man einen Rosenbogen errichtet und begrünt oder ein großes Stangenzelt für *Clematis* und Jasmin aufstellt.

Wie Kletterer sich ausbreiten

Beim Streben nach Licht kennen Kletterpflanzen verschiedene Techniken, um sich mit ihrer Stütze zu verankern. Wer ihre Strategien kennt, kann ihnen die optimale Rankhilfe anbieten. Die Dreilappige Jungfernrebe (*Parthenocissus tricuspidata*) etwa erklimmt eine Mauer problemlos nur mithilfe ihrer Haftscheiben, während eine Kletterrose etwas mehr Unterstützung braucht.

Einträchtiges Paar: gelbe *Rosa* 'Graham Thomas' und weiße *Clematis*

Haftwurzeln

Die Haftwurzeln des Efeus (*Hedera*) bilden sich entlang der Triebe und halten sich an fast jeder Fläche hartnäckig fest, selbst wenn es sich um nackte Ziegel- und Steinmauern oder Baumstämme handelt, wo sie sich in kleinste Risse und Lücken pressen. Vorsicht: Alter bröseliger Mörtel kann von Kletterern mit Haftwurzeln sogar beschädigt werden.

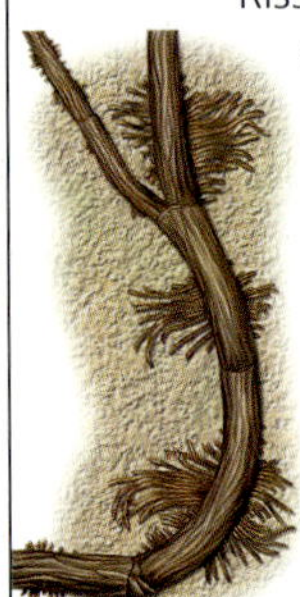

Weitere Kletterer mit Haftwurzeln: Einige Feigenbaum-Arten (*Ficus*), *Pileostegia* und *Schizophragma*.

Hedera canariensis 'Ravensholst'

Haftscheiben

Kletterer mit Haftscheiben werden meist zur Begrünung ausgedehnter Wandflächen eingesetzt. Die Dreilappige Jungfernrebe (*Parthenocissus tricuspidata*) etwa bildet Ranken mit kleinen Büscheln aus Haftscheiben am Ende, die an fast jeder Fläche Halt finden. Sie müssen eventuell anfangs zur Mauer hingeführt werden, brauchen ansonsten aber keinerlei Hilfe.

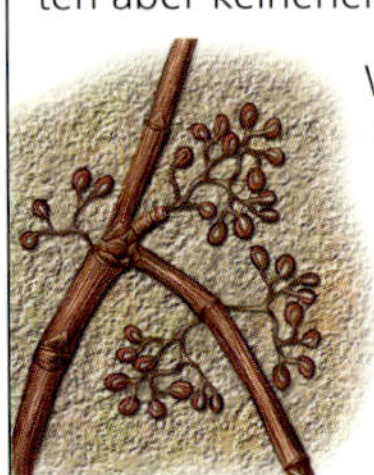

Weitere Kletterer mit Haftscheiben: Gewöhnliche Jungfernrebe (*Parthenocissus quinquefolia*) und Chinesische Jungfernrebe (*P. henryana*).

Parthenocissus tricuspidata

Ranken

Eine ganze Reihe von Kletterern gewinnt mit Ranken Höhe. *Clematis* haben rankende Blattstiele, die sich um eine Stütze winden, Reben (*Vitis*) klammern sich mit Sprossranken fest und Blattranker wie die Duft-Wicke (*Lathyrus odoratus*) halten sich mithilfe abgewandelter Blätter an Stäben oder dünnen Zweigen fest.

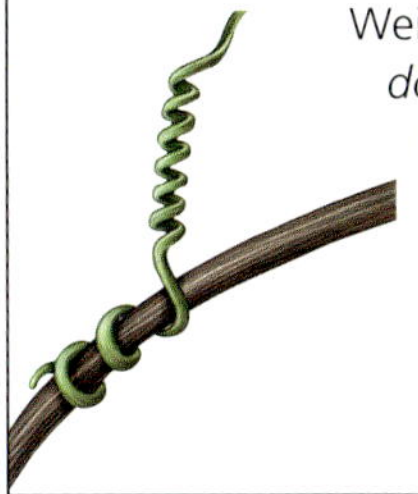

Weitere Beispiele: Der Rosenkelch (*Rhodochiton atrosanguineus*) sucht mit Blattstielen Halt, die Passionsblume (*Passiflora*) mit Sprossranken und die Glockenrebe (*Cobaea scandens*) mit Blattranken.

Clematis 'Bees' Jubilee'

Windende Triebe

Die meisten Kletterpflanzen streben nach oben, indem sie ihre Triebe um eine Stütze schlingen. Manche halten sich dabei sehr stark fest, andere nur schwach. Einen kräftigen Halt etwa haben Wisterien (*Wisteria*), deren Triebe mit der Zeit dick und holzig werden. Andere sind nicht ganz so robust und brauchen etwas Hilfe. *Berberidopsis* etwa ist für zusätzliche Stützen dankbar. Die Heckenkirsche (*Lonicera*) wiederum sucht selbst nach einem passenden Wirt.

Weitere Beispiele: Gewöhnlicher Hopfen (*Humulus lupulus*), Sternjasmin (*Trachelospermum*) und die einjährige Prunkwinde (*Ipomoea*).

Lonicera periclymenum 'Serotina'

Dornen und Stacheln

Mit ganz anderen Tricks kämpfen sich Spreizklimmer wie z. B. die Rose 'Climbing Iceberg' nach oben: Sie bleiben aufrecht, indem sie sich mit ihren rückwärts gebogenen Dornen in Bäumen und Sträuchern verhaken. Kletterrosen werden zwar meist an ihre Stütze gebunden, doch können sie sich mithilfe ihrer Dornen ebenfalls gut zwischen Gitter oder Drähte spreizen. Auch manche *Bougainvillea* haben Sprossdornen, mit denen sie sich an anderen Gewächsen oder Stützen verankern.

Weitere Beispiele: Himbeeren und Brombeeren (*Rubus*).

Rosa 'Climbing Iceberg'

Wahl der geeigneten Kletterhilfe

Stützen für Kletterer sind in den unterschiedlichsten Formen, Größen und Materialien erhältlich. Manche sind eher praktisch als schön, andere selbst ohne Begrünung ausgesprochen dekorativ. Hier eine Auswahl gängiger Kletterhilfen.

Einfache Spiralen

Elegante Metallspiralen eignen sich für Leichtgewichte in Töpfen oder eng begrenzten Räumen. Diese Stütze kann ruhig sichtbar sein: Gerade in einem modern gestalteten Garten passt ihre klare Linie zum Ambiente.

Geeignet Kleine *Clematis*, Duft-Wicken (*Lathyrus odoratus*), *Sollya heterophylla*.

Mehrzweckgitter

Hölzerne Rankgitter sind als Kletterhilfe beliebt. Man kann sie vielseitig einsetzen und an einer Wand befestigen oder im Garten als licht- und luftdurchlässigen Sichtschutz bzw. Raumteiler aufstellen. Das Holz wird gegebenenfalls in der passenden Farbe lackiert oder gebeizt. Man bindet die Pflanzen an den Gittern fest oder lässt sie selbstständig hochklettern.

Geeignet Kletterrosen, *Clematis*, Heckenkirschen (*Lonicera*) und Passionsblumen (*Passiflora*), aber auch einjährige Kletterer wie Prunkwinden (*Ipomoea*).

Unsichtbare Stütze

Kletterpflanzen können mit Drähten, die zwischen Nägel oder Ringschrauben gespannt sind, unauffällig an einem Zaun oder einer Mauer gezogen werden. Sobald die Pflanze eingewachsen ist, sieht man praktisch nicht mehr, woran sie sich festhält. Drähte eignen sich auch für Wandsträucher wie die rechts gezeigte Säckelblume (*Ceanothus*).

Geeignet Kletternde Heckenkirschen (*Lonicera*), Echter Jasmin (*Jasminum officinale*), Passionsblumen (*Passiflora*) und Reben (*Vitis*).

Elegante Bögen

Unter einem Blütenbogen hindurchzugehen ist Balsam für die Seele. Deshalb lohnt es sich, Gerüste zu wählen, die einen eigenen Beitrag zum stimmigen Gesamteindruck im Garten leisten. Für Bögen besonders geeignet sind Kletterer mit angenehmem Duft und schöner Farbe. Die Struktur des Gerüstes muss stabil genug für die Last schwerer Gewächse sein.

Geeignet Kletterrosen, *Clematis*, Heckenkirschen (*Lonicera*), Sternjasmin (*Trachelospermum*) und Kombinationen mit Einjährigen.

Schattige Pergolen

Pergolen sind in der Regel die tragfähigsten Stützen. Die Gerüste werden zur Beschattung von Wegen und Sitzbereichen eingesetzt. Sind sie erst einmal dicht bewachsen, genießt man darunter einen einzigartigen Mix aus Blüten, Düften, Laubstrukturen und sogar Früchten. Große Kletterer sollten aus Sicherheitsgründen an Metallhalterungen befestigt werden.

Geeignet Blauregen (*Wisteria*), Kletterrosen, Gewöhnlicher Hopfen (*Humulus lupulus*), Reben (*Vitis*) und Heckenkirschen (*Lonicera*).

Dekorative Stangenzelte

Stangenzelte – ob aus Metall, Holz, Weidengeflecht oder Haselnussruten – verleihen einem Arrangement Höhe. Sie eignen sich gleichermaßen für Einjährige wie für Stauden und lassen sich im Herbst problemlos wieder abbauen. Man kann sie auch im Küchengarten zum Einsatz bringen, etwa als Stütze für Stangenbohnen.

Geeignet *Clematis*, Kletterrosen, Echter Jasmin (*Jasminum officinale*), Duft-Wicke (*Lathyrus odoratus*), Schwarzäugige Susanne (*Thunbergia alata*), Prunkwinden (*Ipomoea*) und Stangenbohnen.

Zusätzliche Stützen

Sobald Kletterer eingewachsen sind und die ersten kräftigen Triebe entwickeln, brauchen sie oft eine zusätzliche Stütze. Mit Drähten, Rankgittern oder Netzen kann man ihnen auf dem Weg nach oben beistehen.

Drähte an einer Hauswand Ein unauffälliges und trotzdem tragfähiges Gerüst bietet man Kletterern an einer Hauswand mit einer Reihe waagerechter Drähte, die in gleichmäßigen Abständen gespannt werden. Genauso gut aber kann man die Drähte in Fächerform nach oben ziehen oder senkrecht spannen, was besonders leichten Einjährigen behagt.

Drähte fixiert man am besten mit Ringschrauben. Sie sind als Holz- oder Mauerschrauben erhältlich. Der Draht wird einfach durch den Ring gezogen und damit vor der Wand fixiert.

Drahtnetze und Rankgitter Die meisten Wände und Zäune lassen sich mit Plastik- oder Drahtnetzen sowie hölzernen Rankgittern in ideale Lebensräume für Kletterpflanzen verwandeln. Gitternetze sind für eine ganze Reihe von Kletterern geeignet. Man kann sie auch zwischen zwei Pfosten spannen. Rankgitter aus Holz sind stabiler als Drähte und tragen auch schwerere Pflanzen.

Frei stehende Stützen Kletterer wie *Clematis* brauchen an einer Wand oder einem frei stehenden Stangenzelt bisweilen etwas Hilfe, um den Weg zur Stütze zu finden. Dazu steckt man beim Einpflanzen einen Bambusstab in das Pflanzloch, lehnt ihn an die Stütze und bindet den Trieb des Kletterers daran fest. Sobald er Halt an der Hauptstütze gefunden hat, kann man den Bindfaden wieder entfernen.

Drähte an einer Pergola befestigen

1 Drehen Sie in das obere und untere Ende sowie in die Mitte jedes Pfostens jeweils vier Ringschrauben in gleichmäßigen Abständen ins Holz. Die Ringe müssen senkrecht stehen.

2 Fädeln Sie einen kunststoffbeschichteten Draht durch den Ring der oberen Schrauben und befestigen Sie ihn wie gezeigt. Führen Sie das andere Ende zur dazugehörigen Ringschraube und binden Sie es dort fest.

3 Hier wird eine *Clematis* um die Stütze geführt und mit einem weichen Bindfaden an einen Draht gebunden. Binden Sie die Triebe immer wieder neu an, je weiter sie sich nach oben schieben.

Aufstellen eines Rankgitters als Sichtschutz

Für viele Kletterpflanzen ist ein Rankgitter genau das Richtige. Es ermöglicht eine Betrachtung der Gewächse von verschiedenen Blickwinkeln aus und bildet einen dicht belaubten Sichtschutz.

1 Markieren Sie den Standort der Pfosten und hämmern Sie die metallenen Einschlaghülsen mit einem Fäustel in den Boden. Mit einem speziellen Aufsatz vermeidet man, dass die Einschlaghülsen dabei beschädigt werden.

2 Stecken Sie die Holzpfosten in die Einschlaghülsen und richten Sie sie mit einer Wasserwaage vertikal aus. Prüfen Sie mehrere Male, ob die Pfosten exakt senkrecht stehen.

3 Bitten Sie jemanden, die Pfosten senkrecht zu halten, während Sie die Schrauben mit zwei Schlüsseln festziehen.

4 Stecken Sie das Rankgitter zwischen die Pfosten und schrauben Sie es fest. Sofern das Holz der Pfosten und des Gitters noch unbehandelt ist, können Sie es mit einem umweltverträglichen Holzschutzmittel streichen.

Bau eines Rosenbogens

Ein Rankbogen ist das perfekte Gerüst für Rosen und andere Kletterer. Sie schaffen damit einen markanten Blickfang in Ihrem Grün und bereichern es mit einladenden Farben und Düften.

1 Legen Sie die einzelnen Bestandteile des Bausatzes auf den Boden. Fügen Sie das Dach zusammen, indem Sie die fünf kurzen Querbalken mit den Aussparungen auf die beiden Längsbalken stecken. Die Abstände müssen gleich sein.

2 Schrauben Sie Quer- und Längsbalken zusammen. Verwenden Sie verzinkte Schrauben, denn sie rosten nicht. Dann haben Sie viele Jahre lang Freude an Ihrem Rosenbogen.

3 Stellen Sie den fertig zusammengefügten Bogen an seinen endgültigen Platz und markieren Sie die Stellen, an denen die vier Pfosten in den Boden kommen. Graben Sie vier jeweils 45 cm tiefe und 30 cm breite Löcher.

4 Geben Sie als Fundament etwas Schotter in jedes Loch – 5 cm sind ausreichend. Verdichten Sie die Schicht mit einem Holzbalken oder Ähnlichem, damit sie eben und fest ist.

Bau eines Rosenbogens *Fortsetzung*

5 Heben Sie den fertig zusammengefügten Rosenbogen mit einem Helfer an seinen endgültigen Standort und senken Sie die Pfosten in die Löcher. Jeder Pfosten muss fest auf dem Schotterfundament stehen.

6 Mit einer Wasserwaage überprüft man, ob alle Pfosten senkrecht stehen und die horizontalen Streben waagerecht liegen. Richten Sie den Rosenbogen so lange aus, bis Sie mit der Position zufrieden sind.

7 In jedes Loch kommt nun noch etwas Schotter. Anschließend wird es bis zum Rand mit Zement gefüllt. Drücken Sie das Ganze gegebenenfalls mit einem Holzpfosten oder mit Handschuhen fest.

8 Schütten Sie nun Wasser in das Loch, bis der Zement durchtränkt ist. Dazu können mehrere Durchgänge nötig sein. Nun muss sich der Beton setzen und hart werden.

9 Ist der Beton ausgehärtet, gräbt man das Pflanzloch für die Rosen. Heben Sie dazu etwa 30 cm neben dem Pfosten ein Loch aus. Stellen Sie die Rosen mit dem Topf in das Loch und prüfen Sie mit einem Stock die Pflanztiefe.

10 Mischen Sie Blumenerde unter den Aushub. Nehmen Sie die Rose aus dem Gefäß und stellen Sie sie um 45° zum Bogen geneigt in das Loch. Die knotige Veredelungsstelle befindet sich 2–3 cm über Bodenniveau.

11 Mit einem Spaten füllt man das Pflanzloch mit der Erdmischung auf. Sie sollte feinkrümelig sein, damit sich um den Wurzelballen der Rose keine Lufteinschlüsse bilden.

12 Nach dem Auffüllen drückt man die Erde mit den Füßen fest, wässert die Rose gut und schneidet die Triebe mit einer Gartenschere bis auf gesunde Augen zurück, um sie zu kräftigem Wachstum anzuregen.

Begrünung eines Zauns

Verschönern Sie Zäune mit farbenfrohen Kletterern wie Heckenkirschen (*Lonicera*), die mit intensivem Duft aufwarten und einen wohltuenden Rahmen für lauschige Sommerabende abgeben.

Tipp

Ziehen Sie Kletterer an Drähten, die horizontal an Ringschrauben gespannt und gut um die Ringe gewickelt werden.

1 Graben Sie 30–40 cm vor dem Zaun ein Loch, das doppelt so breit ist wie der Wurzelballen. Stecken Sie als Stütze für die jungen Triebe einige Stäbe fächerförmig in den Boden. Das obere Ende der Stäbe wird an den Zaun gelehnt.

2 Ziehen Sie die Pflanze nach dem Wässern behutsam aus dem Topf und stellen Sie sie in einem 45°-Winkel zum Zaun geneigt in das Pflanzloch. Lösen Sie die Triebe aus dem Bündel und legen Sie sie auf die Stäbe.

3 Füllen Sie das Pflanzloch mit dem Aushub wieder auf und lassen Sie um die Basis der Pflanze eine leichte Vertiefung, damit das Gießwasser sich darin sammeln kann. Drücken Sie die Erde gut fest und wässern Sie sie gründlich.

4 Binden Sie die Triebe mit einer Schnur locker an die Stäbe und die horizontal gespannten Drähte am Holzzaun. Zum Schluss wird der Boden um den Kletterer mit einer Schicht Rindenmulch bedeckt.

Aufstellen eines Stangenzelts

Mit einem speziellen Stangenzelt setzt man das Kletterduo Jasmin und *Clematis* spektakulär in Szene. Die beiden Gewächse bilden mit der Zeit ein schlichtweg atemberaubendes Geflecht!

1 Graben Sie am Standort des Stangenzelts ein rund 30 cm tiefes und ebenso breites Loch für die *Clematis*. Lockern Sie die Erde am Boden des Lochs mit einer Grabgabel noch einmal etwa spatentief.

2 Füllen Sie etwas Komposterde und Langzeitdünger nach den Empfehlungen des Herstellers in das Pflanzloch. Dann wächst Ihr Kletterer besonders schnell ein.

3 Indem man einen Stab über das Loch legt und die *Clematis* noch im Gefäß hineinstellt, prüft man die passende Pflanztiefe. *Clematis* sollten etwa 5 cm tiefer gepflanzt werden, als sie im Topf stehen.

4 Wässern Sie die Pflanze im Topf gründlich. Ziehen Sie den Wurzelballen vorsichtig heraus, indem Sie das Gefäß umdrehen und den Inhalt herausklopfen. Einen verdichteten Wurzelballen lockert man behutsam mit den Fingern.

Aufstellen eines Stangenzelts *Fortsetzung*

5 Stellen Sie die *Clematis* in das Pflanzloch, ohne die Triebe zu verletzen. Füllen Sie nun die zuvor ausgehobene Erde um den Wurzelballen herum in das Loch. Stechen Sie mit einem Spaten vorsichtig in die Erde um den Wurzelballen.

6 Nun wird die Erde angedrückt. Solange sie beim Festtreten nachgibt, muss noch nachgefüllt werden. Zum Schluss sollte eine leichte Vertiefung bleiben. Lassen Sie die Stützstäbe in der Erde, bis das Stangenzelt steht.

7 Stecken Sie drei kräftige Stangen so um die *Clematis* herum in den Boden, dass sie ein Dreieck bilden. Binden Sie die Stangen am oberen Ende mit dicken Schnüren zusammen.

8 Die Stangen sollten auch auf halber Höhe zusammengebunden werden (*siehe Abb. S. 50*). Pflanzen Sie einen Echten Jasmin (*Jasminum officinale*) neben den Fuß jeder Stange und verfahren Sie weiter wie auf Seite 49 beschrieben.

9 Lehnen Sie die mit der *Clematis* eingegrabenen Stäbe in der Mitte des Stangenzelts an jeweils eine der Stangen. Binden Sie an jeden der Stäbe einen *Clematis*-Trieb. Der Jasmin dagegen wird direkt an das Stangenzelt gebunden.

Tipp

Eine dicke Mulchschicht aus Rindenschnipseln unterdrückt Unkraut und verhindert ein Verdunsten der Bodenfeuchtigkeit.

Eintopfen von Kletterpflanzen

Viele Kletterpflanzen lassen sich auch problemlos in Töpfen ziehen. Wenn sie eingewachsen sind und eine passende Stütze haben, bereichern sie Terrassen und Innenhöfe mit ihrer Blumenpracht.

1 Bedecken Sie den Boden des Gefäßes mit Tonscherben, damit das Wasser gut ablaufen kann. Darauf kommt eine Schicht Gartenerde. Zum Schluss stellt man das Klettergerüst an die Hinterwand des Gefäßes.

2 Füllen Sie eine weitere Schicht Erde ein und stellen Sie den Kletterer darauf. Nach dem Wässern ziehen Sie die Pflanze aus ihrem alten Topf und platzieren Sie sie so im neuen Gefäß, dass sie zum Rankgitter hin geneigt ist.

3 Füllen Sie das Gefäß mit Erde und drücken Sie sie leicht mit der Hand fest. Zwischen Rand und Erde sollten noch 5 cm Abstand bleiben. Binden Sie die Triebe der Kletterpflanze nun mit einer Schnur an die Stütze.

4 Bedecken Sie die Erde mit einer Schicht Kies. Das sieht gut aus und hält den Wurzelraum feucht. Wässern Sie die Pflanze zum Schluss gut. Der Brauseaufsatz der Gießkanne sollte dabei nach oben gedreht sein.

Mulch und Unterpflanzung

Das Mulchen und Unterpflanzen von Kletterern hat mehrere Vorteile. Manche Mulchschichten sind zwar in erster Linie als dekorative Abdeckung der Erde gedacht, doch speichern sie auch Feuchtigkeit und unterdrücken Unkräuter.

Was ist Mulch?

Mulch ist eine auf das Erdreich aufgebrachte Schicht, die ein Verdunsten der Bodenfeuchtigkeit verhindert, die Bodentemperatur reguliert und Unkraut unterdrückt. Mulch schreckt Schädlinge ab, düngt den Boden oder sieht einfach nur gut aus. Als Mulchmaterial verwendet man in der Regel ein organisches Produkt, etwa gut verrotteten Dung, Komposterde, Laubhumus, Rindenschnipsel oder Stroh. Zu anorganischem Mulch zählt man Kies, Kieselsteine, zerstoßene Muschelschalen und schwarze Kunststofffolie. Organischer Mulch wird meist als 10–15 cm hohe Schicht verteilt. Die Höhe dekorativer Mulchschichten hängt von der Korngröße des Materials ab.

Organischer Mulch Viele Gärtner sammeln Schnitt- und Küchenabfälle in Komposthaufen. Dort verwandeln sich diese Abfälle allmählich in nährstoffreichen Humus, der als Mulch zum Einsatz kommt. Auch kompostiertes Laub und gut verrotteter Tierdung geben einen wertvollen organischen Mulch für den Garten ab. Beim Verteilen ist auf eine gleichmäßig hohe Schicht zu achten. Der Boden sollte vorher gejätet und gut durchfeuchtet werden. Organischer Mulch zersetzt sich nach und nach und wird unter dem Einfluss von Regenwürmern und Niederschlägen vom Erdreich darunter absorbiert. Deshalb muss er von Zeit zu Zeit erneuert werden.

Laubhumus ist ein nährstoffreicher, dunkler, organischer Mulch.

Gut verrotteter Dung bewahrt die Bodenfeuchtigkeit.

Dekorativer Mulch In Gartencentern und bei Baustoffhändlern bekommt man allerlei Arten von Dekormulch. Kies steht bei Gärtnern von jeher hoch im Kurs. Er eignet sich vor allem für Alpinpflanzen, weil er sie gut zur Geltung bringt und die Blätter obendrein vor Nässe schützt. Kiesel sind in den verschiedensten Größen, Formen und Farben erhältlich. Zerstoßene Muschelschalen bekommt man ebenfalls in allerlei Tönungen. Daher dürfte es keine Schwierigkeiten bereiten, die passende Farbe zu finden. Irgendwann einmal verschwinden zwar auch diese Materialien, doch müssen sie bei weitem nicht so häufig erneuert werden wie organischer Mulch.

Kies ist ideal für Alpingewächse.

Kiesel sind besonders für große Töpfe geeignet.

Muscheln bringen zusätzlich Farbe ins Spiel.

Unterpflanzung Niedrige Pflanzen eignen sich manchmal ausgezeichnet als eine Art lebender Mulch. Sie verhindern nicht nur die Ausbreitung von Unkräutern, sondern bringen Farbe und Abwechslung in einen Bereich des Gartens, in dem ansonsten oft nackte Erde dominieren würde. Aber Vorsicht: Die Unterpflanzung darf nicht mit den Kletterern um Wasser und Nährstoffe konkurrieren. Deshalb muss man gegebenenfalls mehr gießen und düngen als ohne die Bodendecker. Als Laub- und Farbenteppich eignen sich z. B. ein niedriger Storchschnabel (*Geranium*), Katzenminze (*Nepeta*) und Sterndolden (*Astrantia*).

Geranium 'Ann Folkard'

Nepeta x *faassenii*

Astrantia major

Einjährige aus Samen ziehen

Ermöglichen Sie Ihren einjährigen Kletterern einen guten Start. Wenn Sie sie im Herbst in Töpfe säen und auf der Fensterbank pflegen, sind sie fit fürs Freiland.

Tipp

Mit Perlit bedeckt man Samen, der Licht zum Keimen braucht. Perlit ist lichtdurchlässig und hält die Samenkörnchen feucht.

1 Verwenden Sie neue oder zumindest saubere Gefäße. Sie werden mit Anzuchterde gefüllt, die man mit dem Boden eines anderen Topfs leicht andrückt. Der Abstand zwischen Erde und Rand sollte etwa 1–2 cm betragen.

2 Stellen Sie die Töpfe so lange in eine wassergefüllte Schale, bis die Oberfläche des Substrats feucht wird, oder wässern Sie die Erde behutsam mit einer feinen Brause.

3 Streuen Sie die Samenkörner in gleichmäßigen Abständen auf die Oberfläche der Topferde. Ein 9-cm-Topf reicht für sechs bis zehn Körner. Decken Sie die Samen mit gesiebter Erde ab.

4 Beschriften Sie jeden Topf mit dem Namen der gesäten Pflanze und dem Aussaatdatum. Zum Schluss kommen die Gefäße auf ein Fensterbrett oder in ein Gewächshaus, wo die Samen in Ruhe keimen können.

Winterharte Einjährige in Töpfe pflanzen

Winterharte Einjährige sind ebenso preiswert wie anspruchslos. Zudem begeistern sie im Sommer mit wahren Farberuptionen. Pflanzen Sie sie in Töpfe, damit sie ihre Wirkung dort entfalten können, wo Blüten besonders willkommen sind.

1 Legen Sie Tonscherben oder Styroporstückchen über das Abflussloch und füllen Sie das Gefäß mit Einheitserde. An den Topfrand stecken Sie rundum Stäbe in gleichen Abständen.

2 Binden Sie die Stäbe am oberen Ende mit Bast oder Bindfaden zusammen. Dabei entsteht eine Art Stangenzelt für die Kletterer. Mit Knoten verhindert man, dass die Stäbe verrutschen.

3 Holen Sie die Jungpflanzen aus dem Topf, indem sie ihn umdrehen und den Wurzelballen in die Hand gleiten lassen. Ziehen Sie den Topfballen auseinander und trennen Sie die Pflänzchen. Legen Sie jeweils eines neben einen Stab.

4 Graben Sie mit den Fingern oder einer Kelle ein kleines Loch und pflanzen Sie an die Basis jedes Stabs ein Junggewächs. Die Pflänzchen dürfen dabei nicht verletzt werden. Zum Schluss muss noch gut gewässert werden.

Ein Hochstämmchen aus Efeu ziehen

Man braucht nicht jahrelang zu warten, bis man ein Formschnittgehölz mit viel Mühe herangezogen hat. Mit Efeu und einem speziellen Rahmen erhält man in kürzester Zeit eine geometrische Form.

Tipp

Nageln Sie zwei Holzlatten kreuzförmig zusammen und klemmen Sie das Gerüst waagerecht in den Topf. Es dient als Stütze.

1 Binden Sie zwei Hängekörbe mit Drähten zu einer Kugel zusammen. Hängen Sie die Kugel an einen Nagel, der in einen kräftigen, 1,2 m langen Stab geschlagen wurde. Fixieren Sie die Kugel mit Draht am Stock.

2 Stellen Sie den Stock mit der Drahtkorbkugel in das Gefäß und binden Sie ihn mit Draht an das in den Topf geklemmte hölzerne Lattenkreuz. Der Stock muss senkrecht stehen.

3 Legen Sie den Boden des Topfs mit Tonscherben oder Styroporstücken aus und füllen Sie Einheitserde hinein. Pflanzen Sie an der Basis des Stocks drei Efeupflänzchen (*Hedera helix*) und gießen Sie das Ganze gut.

4 Binden Sie die ersten Efeutriebe mit einer Schnur an den Stock. Sobald die Pflanze die Kugel erreicht hat, flicht man die Triebe zwischen die Drähte. Ist der Kletterer gut eingewachsen, muss er regelmäßig geschnitten werden.

Pflanzkombinationen

Die Suche nach passenden Partnern für Kletterer ist eine Herausforderung für jeden Gärtner. Dieses Kapitel enthält eine ganze Reihe von Vorschlägen, wie Sie Ihre Kletterer im Verbund mit anderen Gewächsen optimal ins rechte Licht rücken.

Erklärung der Symbole

- Besonders empfehlenswerte Pflanze (ausgezeichnet mit dem Award of Garden Merit der Royal Horticultural Society)

Bevorzugtes Substrat

- Gut durchlässige Böden
- Feuchte Böden
- Nasse Böden

Bevorzugte Lichtverhältnisse, Lage

- Volle Sonne
- Halbschatten
- Vollschatten

Frosthärte

- Völlig winterhart
- Winterhart. Übersteht in mildem Klima oder an geschützten Standorten den Winter im Freiland.
- Bedingt winterhart. Muss in der Regel unter Glas überwintert werden.
- Frostempfindlich. Verträgt keinen Frost.

Rustikaler Bogen

Traditionelle Bögen in rustikaler Machart lassen sich ohne viel Aufwand aus Stämmen oder Ästen zusammennageln. Sie sind in der Regel sehr stabil und eignen sich für Kletterrosen und andere schwere Gewächse. Dieser Bogen mit einer Kletterrose, einer Heckenkirsche (*Lonicera*) und einer *Clematis* überspannt einen Durchgang im Gartenzaun. Niedrige Pflanzen wie der Weiche Frauenmantel (*Alchemilla mollis*), die Blauminze (*Nepeta* x *faassenii*) und Rittersporne (*Delphinium*) erweitern das Spektrum der Blütenfarben zusätzlich und kaschieren gleichzeitig den unteren Bereich des Bogens.

Allgemeines

Maße 1,5 m breit, 60 cm tief

Verwendung Als Torbogen oder Teiler zwischen Gartenbereichen

Boden Alle nicht zu nassen oder trockenen Böden

Standort Sonnig bis halbschattig

Einkaufsliste

- 2 x *Rosa* 'Cécile Brunner'
- 4 x *Delphinium* (blau)
- 6 x *Alchemilla mollis*
- 2 x *Clematis* 'Savannah'
- 1 x *Lonicera* x *heckrottii*
- 3 x *Nepeta* x *faassenii*

Pflanzung und Pflege

Setzen Sie je eine Rose und eine *Clematis* auf beide Seiten des Bogens. Heben Sie zunächst rund 30 cm tiefe Löcher aus und legen Sie die Pflanzen nach dem Wässern zur Stütze geneigt hinein. Nun werden die Triebe aufgefächert an die Pfosten gebunden, sodass sie später den Bogen möglichst vollständig bedecken. Verfahren Sie mit der Heckenkirsche genauso. Zum Schluss setzt man die niedrigen Gewächse außen um den Bogen herum. Wässern Sie alle Pflanzen gut und flechten Sie die Triebe der Kletterer in die Stütze, wenn sie zu lang werden.

Rosa 'Cécile Brunner'
❄❄❄ 💧 ○ ☼ ◐ 🏆

Blauer Rittersporn (*Delphinium*)
❄❄❄ ○ ☼

Alchemilla mollis
❄❄❄ 💧 ○ ☼ ◐ 🏆

Clematis 'Savannah'
❄❄❄ 💧 ○ ☼

Lonicera x *heckrottii*
❄❄❄ 💧 ○ ☼ ◐

Nepeta x *faassenii*
❄❄❄ ○ ☼ ◐ 🏆

Rosige Zeiten

Beschränken Sie sich bei der Komposition eines Arrangements auf ein eng begrenztes Farbspektrum – das macht mehr Eindruck als ein kunterbuntes Durcheinander. Die hier vorgeschlagene Pflanzung setzt sich vorwiegend aus rosafarbenen Rosen und Stauden zusammen; lediglich der Rittersporn (*Delphinium*) bringt eine weiße Komponente ins Spiel. Die beiden Rosen sind zwar streng genommen keine Kletterer, werden jedoch an einem Metallobelisken hochgezogen, um das Arrangement nach oben zu erweitern. Mit Sterndolde (*Astrantia*), Akeleiblättriger Wiesenraute (*Thalictrum aquilegifolium*) und Schöner Fetthenne (*Sedum spectabile*) wird das Farbthema wieder aufgegriffen.

Allgemeines

Maße 3x2 m

Verwendung In Landgärten und naturnahen Rabatten

Boden Weder zu nass noch zu trocken

Standort Sonnig bis halbschattig

Einkaufsliste

- 1 x *Rosa* 'William Lobb'
- 2 x *Thalictrum aquilegifolium*
- 3 x *Delphinium* (weiß)
- 1 x *Rosa* 'Reine Victoria'
- 2 x *Sedum spectabile*
- 3 x *Astrantia* 'Hadspen Blood'

Pflanzung und Pflege

Markieren Sie die Pflanzfläche und arbeiten Sie gut verrotteten Dung oder Gartenkompost in den Boden ein.

Stellen Sie den Obelisken gut sichtbar auf. Er darf jedoch niedrigere Gewächse nicht verdecken. Pflanzen Sie die beiden Rosen an seiner Basis und binden Sie ihre Triebe an das Gerüst. Die anderen Gewächse werden gleichmäßig um die Rosen herum verteilt. Lassen Sie Abstand, damit jedes Exemplar auch dann noch genug Platz hat, wenn es größer geworden ist. Wässern Sie alles gründlich und halten Sie den Boden feucht, bis die Wurzeln Halt gefunden haben.

Rosa 'William Lobb'
❄❄❄ 💧 ◇ ☼ 🏆

Thalictrum aquilegifolium
❄❄❄ 💧 ◇ ◐

Weißer Rittersporn (*Delphinium*)
❄❄❄ 💧 ◇ ☼

Rosa 'Reine Victoria'
❄❄❄ 💧 ◇ ☼

Sedum spectabile
❄❄❄ 💧 ◇ ☼ 🏆

Astrantia 'Hadspen Blood'
❄❄❄ 💧 ◇ ☼ ◐

Verweilen und genießen

Die Atmosphäre eines Gartens spürt man am intensivsten, wenn man mitten im Grün sitzen und alles in Ruhe genießen kann. Eine Sitzgelegenheit kann sogar zu einem eigenständigen Gartenelement avancieren, sofern man ihr eine Reihe sorgfältig ausgewählter Pflanzen zur Seite stellt. Eine lebende Laubkulisse formt hier der grüngelbe Gold-Hopfen (*Humulus lupulus* 'Aureus'), während die weiße *Rosa* 'Climbing Iceberg' und die blauviolette *Clematis* 'Lasurstern' einen blütenschweren Baldachin bilden. Den passenden Farbteppich dazu breitet die Sibirische Katzenminze (*Nepeta sibirica*) aus.

Allgemeines

Maße 3x1,5 m

Verwendung In großen oder kleinen Gärten

Boden Alle nicht extrem nassen oder trockenen Böden

Standort Vollsonnig bis halbschattig

Einkaufsliste

- 2 x *Clematis* 'Lasurstern'
- 2 x *Rosa* 'Climbing Iceberg'
- 2 x *Humulus lupulus* 'Aureus'
- 6 x *Nepeta sibirica*

Pflanzung und Pflege

Wenn man die Sitzgelegenheit im Garten aufgestellt und den Bogen errichtet hat, kann man auch schon mit der Bepflanzung beginnen. Arbeiten Sie etwas Komposterde in den Boden ein und pflanzen Sie zwei Exemplare des Gold-Hopfens hinter die Bank. Als Kletterhilfe dienen an der Mauer gespannte Drähte oder ein Rankgitter. Am Bogen zieht man links und rechts jeweils eine Rose und eine *Clematis* hoch, deren Triebe an die Stütze angebunden werden. Den Weg zur Bank säumt Katzenminze.

Die Rosen müssen immer wieder an den Bogen gebunden werden.

Clematis 'Lasurstern'

Rosa 'Climbing Iceberg'

Humulus lupulus 'Aureus'

Nepeta sibirica

Landschönheiten

Diese Kombination aus kletternden Sträuchern und Stauden ist wie geschaffen für Landgärten. Da sie nicht allzu viel Platz wegnimmt, kann sie ans Ende einer Rabatte vor einer Gartenmauer oder Hauswand gesetzt werden. Wenn die *Clematis* und die Rose mit der Zeit immer größer werden und ihre Blätter und Blüten sich vermischen, wirkt das Ensemble immer dekorativer.

Allgemeines

Maße 3x2 m

Verwendung In Staudenrabatten und naturnahen Gärten

Boden Nicht zu trocken oder zu nass

Standort Vollsonnig bis halbschattig

Einkaufsliste

- 1 x *Clematis* 'Arabella'
- 1 x *Rosa* x *odorata* 'Mutabilis'
- 6 x *Alstroemeria*
- 3 x *Helenium* 'Moerheim Beauty'

Pflanzung und Pflege

Ist der Boden nährstoffarm, arbeitet man vor dem Bepflanzen gut verrotteten Dung oder Komposterde ein. Die Rose kommt in den hinteren Teil des Arrangements, das Stangenzelt nach vorne. und die Sonnenbraut-Exemplare. Als Nächstes setzt man die *Clematis* an den Fuß des Stangenzelts und führt die Triebe an das Gerüst. Den Inkalilien (*Alstroemeria*) und Sonnenbraut-Pflanzen (*Helenium*) wird ein Platz zu beiden Seiten der Kletterhilfe zugewiesen, wo sie sich ungehindert ausbreiten können.

Die Blühdauer der Rose lässt sich verlängern, indem man die Blüten abzwickt, sobald sie zu welken beginnen. Suchen Sie Ihre Gewächse außerdem regelmäßig nach Schädlingen und Krankheiten ab.

Die *Clematis* wird im Frühjahr bis auf ein Paar kräftiger Knospen pro Spross zurückgeschnitten.

Clematis 'Arabella'

Rosa x *odorata* 'Mutabilis'

Alstroemeria

Helenium 'Moerheim Beauty'

Leuchtende Herbstkulisse

Im Sommer sind viele Gärten ein Blütenmeer, doch zum Ende der Saison bleibt von der Pracht oft nichts mehr übrig. Wählen Sie Ihre Pflanzen so aus, dass das Grün auch im Herbst noch einiges zu bieten hat. Hier kaschieren eine Rostrote Rebe (*Vitis coignetiae*) und eine Dreilappige Jungfernrebe (*Parthenocissus tricuspidata*) in prachtvoller Herbstlivree eine nüchterne Mauer und einen unansehnlichen alten Gartenschuppen. Gleichzeitig dienen sie Astern, Ziest (*Stachys*) und Chrysanthemen als Kulisse für ihren großen Auftritt.

Allgemeines

Maße 2x2 m

Verwendung Für jeden Bereich vor einer Mauer oder einem Zaun geeignet

Boden Feucht, aber nicht staunass

Standort Gartenecken, vollsonnige bis halbschattige Rabatten vor einer Mauer

Einkaufsliste

- 1 x *Parthenocissus tricuspidata*
- 1 x *Rosa* 'Bobbie James'
- 1 x *Stachys byzantina*
- 1 x *Vitis coignetiae*
- 2 x *Chrysanthemum* (orange)
- 2 x *Chrysanthemum* (gelb)
- 3 x *Aster* x *frikartii* 'Mönch'

Pflanzung und Pflege

Setzen Sie die Dreilappige Jungfernrebe (*Parthenocissus tricuspidata*) 40–50 cm vor eine Mauer, einen Zaun oder ein Rankgitter. Sie hält sich selbstständig fest, ist anfangs jedoch für ein paar Bambusstäbe dankbar, mit denen sie an die Mauer hingeführt wird. Die Astern und Chrysanthemen werden davor platziert, wobei man die Chrysanthemen auch in Töpfen ziehen kann, um etwas Abwechslung in das Arrangement zu bringen.

Nach dem Pflanzen und während längerer Trockenperioden wird gut gewässert.

Parthenocissus tricuspidata

Rosa 'Bobbie James'

Stachys byzantina

Vitis coignetiae

Chrysanthemum (orange und gelb)

Aster x *frikartii* 'Mönch'

Rosa Girlanden

Ein eng begrenztes Farbspektrum hält diesen Mix aus unterschiedlichsten Gewächsen zusammen. Im Mittelpunkt steht eine kompakte Arizona-Tanne (*Abies lasiocarpa* var. *arizonica*), über die sich ein Rosenkelch (*Rhodochiton atrosanguineus*) mit seinen Girlanden aus rosafarbenen und blaulila Hängeblüten zieht. Eine farbenfrohe Abordnung von Dahlien und Fetthennen (*Sedum*) zollt dem Duo von niederer Warte aus Tribut.

Im September und Oktober locken die großen, rosafarbenen Blütenstände der Fetthenne zuhauf Schmetterlinge und Schwebfliegen an.

Allgemeines

Maße 2x2 m

Verwendung In naturnahen Rabatten oder Inselbeeten

Boden Durchlässig, mäßig nährstoffreich

Standort Vollsonnig bis halbschattig

Einkaufsliste

- 1 x *Abies lasiocarpa* var. *arizonica*
- 2 x *Rhodochiton atrosanguineus*
- 3 x *Dahlia* 'Grenadier'
- 3 x *Sedum* 'Herbstfreude'

Pflanzung und Pflege

Die Arizona-Tanne ist das dominierende Element dieses Arrangements. Als Erstes wird das Gehölz platziert, z. B. in den hinteren Bereich einer Rabatte. Dann sind die Dahlien an der Reihe und davor kommen schließlich die Fetthennen (*Sedum*). Zwischen dieser Unterpflanzung und der Konifere lässt man noch etwas Platz für den Rosenkelch (*Rhodochiton*). Der nicht winterharte Kletterer wird aus Samen gezogen und erst im Mai nach den letzten Spätfrösten ins Freiland umgesiedelt.

Die Dahlienknollen nimmt man nach der Blüte auf und lagert sie bis zum Frühling an einem frostfreien, kühlen Ort.

Abies lasiocarpa var. *arizonica* 'Compacta' ❄❄❄ 💧 ○ ☼ 🏆

Rhodochiton atrosanguineus ❀ 💧 ○ ☼ 🏆

Dahlia 'Grenadier' ❄ 💧 ○ ☼ 🏆

Sedum 'Herbstfreude' ❄❄❄ 💧 ○ ☼ 🏆

Rebenportal

Einen Durchgang zwischen zwei Gartenbereichen kann man durch geschickten Einsatz von Pflanzen attraktiv und einladend gestalten. Dieses dicht bewachsene Tor wurde mit einer Weinrebe (*Vitis vinifera*) und einem Efeu (*Hedera*) begrünt. An seinem Fuß heißen eine Funkie (*Hosta*), eine Segge (*Carex*), ein Wurmfarn (*Dryopteris*) und ein Neuseelandflachs (*Phormium*) den Besucher willkommen. Der vielfältige Mix aus Blattformen und -farben macht den Mangel an farbenfrohen Blüten mehr als wett.

Allgemeines

Maße 3x1 m

Verwendung Für alle Gärten mit mehreren »Bereichen« bzw. Pflanzstilen

Boden Feucht, aber durchlässig

Standort Vollsonnig für die Rebe, halbschattig für die anderen Pflanzen

Einkaufsliste

- 1 x *Vitis vinifera*
- 1 x *Hedera helix*
- 1 x *Dryopteris affinis*
- 1 x *Carex flagellifera*
- 1 x *Hosta* 'Golden Prayers'
- 1 x *Phormium*

Pflanzung und Pflege

Bevor Sie die nichtkletternden Gewächse pflanzen, sollten sich die Weinrebe und der Efeu am hölzernen Gerüst des Tores gut etabliert haben. Die Rebe wird an einem der beiden Seitenpfosten hochgezogen und festgebunden, während der Efeu den anderen Pfosten erstürmen darf. Die übrigen Pflanzen werden der Größe nach arrangiert, wobei die Funkien ganz nach vorn kommen.

Wässern Sie alle Pflanzen gut. Es darf sich allerdings weder Staunässe bilden, noch sollte man den Boden zu sehr austrocknen lassen. Im Winter verteilt man um die Gewächse herum gut verrotteten Dung.

Vitis vinifera

Hedera helix

Dryopteris affinis

Carex flagellifera

Hosta 'Golden Prayers'

Phormium

Farbenspiele

Eine Pergola bietet ungeahnte Gestaltungsmöglichkeiten mit Farben. So kann man alle warmen und kühlen Nuancen getrennt gruppieren oder aber, wie hier gezeigt, komplementäre Tönungen zusammenbringen. Eine gelbe Schlingrose (*Rosa banksiae* 'Lutea') ergibt mit einer blaulila *Clematis* 'Elsa Späth' und einer purpurfarbenen Magnolie (*Magnolia liliiflora* 'Nigra') ein spannungsreiches Trio. Keine Angst vor Farbexperimenten: Scheren Sie sich nicht um Konventionen!

Allgemeines

Maße 2x1,5 m

Verwendung Für schmiedeeiserne Pergolen, Rank- und Sichtschutzgitter sowie Klettergerüste an Mauern

Boden Keine staunassen oder sehr trockenen Böden

Standort Vollsonnig für *Clematis* und Rosen, halbschattig für Funkien

Einkaufsliste

- 1 x *Rosa banksiae* 'Lutea'
- 1 x *Clematis* 'Elsa Späth'
- 1 x *Magnolia liliiflora* 'Nigra'
- 1 x *Hosta fortunei* var. *aureomarginata*
- 1 x *Hosta sieboldiana* 'Elegans'
- 1 x *Lamium maculatum* 'Album'

Pflanzung und Pflege

Als Erstes werden die Magnolie, die *Clematis* und die Rose gepflanzt. Die beiden Kletterer, *Clematis* und Rose, bindet man an ihre Stütze, damit sie in die gewünschte Richtung wachsen. Die *Clematis* hält sich von selbst fest, doch die Rose muss immer wieder neu angebunden und gegebenenfalls zurückgeschnitten werden. Als Nächstes sind die Funkien (*Hosta*) und die Gefleckte Taubnessel (*Lamium maculatum*) an der Reihe. Funkien lieben humusreiche, feuchte Böden, weshalb man schon beim Einpflanzen reichlich organische Materie in den Boden einarbeitet.

Rosa banksiae 'Lutea'

Clematis 'Elsa Späth'

Magnolia liliiflora 'Nigra'

Hosta fortunei var. *aureomarginata*

Hosta sieboldiana 'Elegans'

Lamium maculatum 'Album'

Frühlingsdüfte

Im Frühling herrscht allenthalben Aufbruchstimmung. Gärtner warten gespannt darauf, dass sich die ersten Blätter und Blüten entfalten und ein Kaleidoskop aus Farben und Düften Leben in den Garten bringt. Nicht schwere Sommerparfüms, sondern zarte Wohlgerüche erfüllen nun die Luft. In dem hier gezeigten Arrangement verströmen die Schmetterlingsblüten eines Formosa-Blauregens (*Wisteria* × *formosa*) ein feines Aroma. Weil seine kaskadengleichen Trauben oft auf Augenhöhe wachsen, braucht man sich nicht einmal zu ihnen hinunterzubücken, um ihren feinen Duft zu genießen.

Allgemeines

Maße 4x1 m

Verwendung In Gärten mit einer sonnenbeschienenen Mauer oder einem stabilen Laubengang aus Holz

Boden Nicht zu trocken oder zu nass

Standort Sonnig

Einkaufsliste

- 1 x *Wisteria* x *formosa*
- 1 x *Laburnum* x *watereri* 'Vossii'
- 20 x *Allium hollandicum* 'Purple Sensation' oder *Tulipa* 'Queen of Night'

Pflanzung und Pflege

Goldregen (*Laburnum*) und Blauregen (*Wisteria*) brauchen ein paar Jahre, bis sie gut eingewachsen sind und reichlich blühen. Bereiten Sie den Boden, in den sie gesetzt werden sollen, zunächst gut vor, indem sie organische Materie wie Gartenkompost einarbeiten. Nach dem Pflanzen hält man das Erdreich feucht, bis sich neue Wurzeln gebildet haben.

Unterstrichen werden die Farbkaskaden der beiden Kletterer von einer Schar darauf abgestimmter Zwiebelpflanzen wie *Allium hollandicum* 'Purple Sensation' oder *Tulipa* 'Queen of Night'.

Wisteria x *formosa*
❄❄❄ ◑ ◇ ☼ ◐

Laburnum x *watereri* 'Vossii'
❄❄❄ ◇ ☼ 🏆

Allium hollandicum 'Purple Sensation' ❄❄❄ ◇ ☼ 🏆

Alternativer Pflanzenvorschlag

Tulipa 'Queen of Night'
❄❄❄ ◇ ☼

Modern und rustikal

Warum nicht einmal verschiedene Stile kombinieren und sich das Beste aus mehreren Welten herauspicken? In diesem Garten begegnen sich modernes Flair und rustikaler Charme in Form eines Bogens aus rohem Stahl. Seine orangebraune, rostige Oberfläche fügt sich perfekt in die Pflanzung ein. An einer Seite rankt sich ein Chinesischer Sternjasmin (*Trachelospermum jasminoides*) hoch, während an der Basis sowie zu beiden Seiten des Schiefer-Kieswegs ein vielfältiger Mix aus Gräsern und Stauden die Blicke auf sich zieht.

Allgemeines

Maße 4x2,5 m

Verwendung Für einen Weg, der zu einer Bank zwischen Rabatten oder einem anderen Gartenelement führt

Boden Feucht, aber nicht staunass

Standort Vollsonnig bis halbschattig

Einkaufsliste

- 1 x *Solanum crispum* 'Glasnevin'
- 1 x *Trachelospermum jasminoides*
- 2 x *Stipa gigantea*
- 4 x *Leymus arenarius*
- 2 x *Echinops ritro*
- 2 x *Hosta* 'Love Pat'

Pflanzung und Pflege

Fixieren Sie den Bogen stabil in einem Betonfundament. Sobald der Beton getrocknet ist, pflanzt man den Sternjasmin neben einer Strebe und zieht ihn daran hoch, indem man die Triebe um die Stütze windet oder festbindet. Das Riesen-Federgras (*Stipa gigantea*) und *Solanum crispum* 'Glasnevin' werden vor dem Zaun gepflanzt und dienen als Blickfang, der im Stahlbogen einen würdigen Rahmen findet.

Einen reizvollen Kontrast konträrer Formen erreicht man, indem man die rundlaubigen Funkien (*Hosta*) und den schmalblättrigen Strandroggen (*Leymus arenarius*) kombiniert.

Solanum crispum 'Glasnevin'

Trachelospermum jasminoides

Stipa gigantea

Leymus arenarius

Echinops ritro

Hosta 'Love Pat'

Blitzstarter

Gewächse wie die Gelappte Sternwinde (*Ipomoea lobata*) sind die Sprinter unter den Kletterern. Zieht man sie als Einjährige, begeistern sie den ganzen Sommer über mit einer lodernden Blütenpracht. Da die Gelappte Sternwinde ein Leichtgewicht ist, kann man sie außerdem getrost durch kleinere Stauden wachsen lassen. Wer schnell eine Lücke in einer Rabatte füllen oder einen unansehnlichen Komposthaufen kaschieren möchte, ist mit einem ebenso hübschen wie nützlichen kleinen Arrangement wie diesem bestens bedient.

Allgemeines

Maße 1x1 m

Verwendung In jeder Rabatte mit einer Lücke; zum Kaschieren eines Komposters

Boden Durchlässig

Standort Vollsonnig bis halbschattig

Einkaufsliste

- 1 x *Ipomoea lobata* oder *Tropaeolum majus*
- 3 x *Verbena bonariensis*
- 3 x *Canna* 'Musifolia'

Pflanzung und Pflege

Arbeiten Sie etwas organisches Material bzw. Humus in den Boden ein, bevor Sie die Blumenrohre (*Canna*) pflanzen. Sie gehören in den Hintergrund des Arrangements, gleichsam als Kulisse für die blühenden Verbenen und die Gelappte Sternwinde (*Ipomoea lobata*). Die Verbenen werden so vor die Blumenrohre gesetzt, dass sie ein Dreieck bilden, in dessen Mitte noch Platz für die Sternwinde ist. Genauso gut aber kann man die Kletterpflanze in einem dekorativen Gefäß ziehen und es zwischen die Verbenen stellen. Bei Trockenheit muss die Rabatte regelmäßig gegossen werden. Im Herbst werden die *Canna* aufgenommen und bis zum Frühjahr an einem frostfreien Platz gelagert. Die Verbenen schützt man mit Strohmulch vor der Kälte.

Ipomoea lobata

Verbena bonariensis

Canna 'Musifolia'

Alternativer Pflanzenvorschlag

Tropaeolum majus

Eingefangene Sommersonne

Erfüllen Sie Terrasse, Balkon oder Hof mit sommersonnigem Flair. Dieses erfrischende Ensemble in Weiß und Gelb erfreut das Auge mit aufeinander abgestimmten Blüten- und Laubschmuckpflanzen. Wichtig sind Gewächse, die das Ganze nach oben erweitern, aber auch im unteren Bereich noch Akzente setzen. Die kletternde Schwarzäugige Susanne (*Thunbergia alata*) windet sich ein kleines Stangenzelt hoch, während die biegsamen Triebe des hängenden Löwenmauls (*Antirrhinum*) und *Senecio macroglossus* 'Variegatus' die Konturen des Topfs verschwimmen lassen.

Allgemeines

Maße 30 cm Durchmesser, 30 cm Höhe, Tontopf
Verwendung Terrasse, Innenhof, Balkon
Boden Blumenerde
Standort Vollsonnig

Einkaufsliste

- 1 x *Antirrhinum* 'Trailing White'
- 2 x *Petunia* 'Prism Sunshine'
- 2 x weiße Petunien
- 1 x *Thunbergia alata*
- 3 x *Senecio macroglossus* 'Variegatus'

Pflanzung und Pflege

Mit ein paar Tonscherben oder Styroporstücken auf dem Boden des Topfes verbessern Sie die Dränage. Füllen Sie das Gefäß bis knapp unter den Rand mit handelsüblicher Blumenerde, der sie etwas Langzeitdünger beimengen. Nun wird ein 90 cm hohes Stangenzelt aus Bambusstäben in die Mitte gesteckt. Drücken Sie es fest in die Erde, damit es stabil steht. Pflanzen Sie als Erstes die Schwarzäugige Susanne an seinen Fuß und führen Sie ihre Triebe um die Stäbe. Zum Schluss kommen die niedrigeren Gewächse in gleichmäßigen Abständen an den Rand des Topfes. Danach gut wässern.

Antirrhinum 'Trailing White'

Petunia 'Prism Sunshine'

Thunbergia alata

Senecio macroglossus 'Variegatus'

Glockenturm

Im Mittelpunkt dieses Topfarrangements stehen die roten Blüten eines Rosenkelchs (*Rhodochiton atrosanguineus*), dessen Triebe ein Stangenzelt erobert haben. Der hohe, dunkle Keramiktopf ist wie geschaffen für die silbrig grüne Wachsblume (*Cerinthe*) und den hängenden Harfenstrauch (*Plectranthus*). Durch die Beschränkung auf silbrige, purpurfarbene und lila Töne wirkt das Ensemble ausgesprochen harmonisch. Die größte Wirkung erzielen Pflanzen, die zur gleichen Zeit blühen.

Ein einzeln stehender Topf wie dieser kommt vor allem in der Mitte eines Hofs oder vor einer Mauer zur Geltung.

Allgemeines

Maße Rund 45 cm Durchmesser und 55 cm Höhe; glasierter Keramiktopf

Verwendung Auf Höfen oder neben Türen

Boden Blumenerde

Standort Sonnig bis halbschattig

Einkaufsliste

- 2 x *Plectranthus zatarhendii*
- 1 x *Rhodochiton atrosanguineus* oder *Sollya heterophylla*
- 2 x *Cerinthe major* 'Purpurascens'

Pflanzung und Pflege

Legen Sie den Boden des Gefäßes mit Tonscherben oder Styroporstücken aus, um für einen guten Wasserablauf zu sorgen. Füllen Sie den Topf bis wenige Zentimeter unter dem Rand mit Blumenerde, in die Sie ein Langzeitdüngergranulat einarbeiten. Stellen Sie nun das Stangenzelt aus Bambusstäben in die Mitte und drücken Sie es tief in die Erde. Als Erstes wird der Rosenkelch gepflanzt, dessen Triebe man an die Stäbe führt. Dann sind die Wachsblume und der Harfenstrauch an der Reihe, denen man einen Platz am Topfrand zuweist.
Wässern Sie das Arrangement gut.

Plectranthus zatarhendii

Rhodochiton atrosanguineus

Cerinthe major 'Purpurascens'

Alternativer Pflanzenvorschlag

Sollya heterophylla

Schnitt und Vermehrung

Den meisten Kletterpflanzen tut ein Schnitt pro Jahr gut. Er regt neues Wachstum an und erbringt kräftigere, gesündere Triebe, die reichlicher Blüten und Früchte tragen. In diesem Kapitel wird auf grundlegende Schnitttechniken ebenso eingegangen wie auf die speziellen Ansprüche der beliebtesten Kletterer. Darüber hinaus findet man Nützliches über traditionelle Vermehrungsmethoden durch Absenker und Stecklinge. Schritt-für-Schritt-Anleitungen am Ende jedes Kapitels machen die Vermehrung Ihrer Gartenlieblinge zum Kinderspiel.

Grundlegende Schnitttechniken

Irgendwann einmal braucht jede Kletterpflanze einen Schnitt – und sei es auch nur, weil ein überlanger Trieb gekürzt oder ein Windschaden nach einem Sturm beseitigt werden muss. Ganz gleich, warum Kletterer gestutzt werden, man sollte über die grundlegenden Schnitttechniken Bescheid wissen, bevor man die Schere ansetzt.

Sauber und sicher Reinigen und schleifen Sie Ihr Werkzeug, bevor Sie mit dem Schneiden beginnen. Für die meisten Schneidearbeiten sind dicke Gartenhandschuhe als Schutz empfehlenswert. Ferner sollten Sie sich eine stabile Leiter oder einen Klapptritt anschaffen. Bitten Sie jemanden, die Leiter zu halten, während Sie darauf stehen. Die Arbeit auf der Leiter ist nicht ungefährlich, denn für den Schnitt brauchen Sie beide Hände.

Wechselständige Knospen Beim Schnitt von Kletterern mit wechselständigen Knospen setzt man die Schere knapp oberhalb einer Knospe schräg an. Der höchste Punkt des Schnitts sollte sich oberhalb der Knospe befinden, der tiefste schräg gegenüber am Knospenansatz.

Gegenständige Knospen Etwas unkomplizierter ist der Schnitt von Kletterern mit gegenständigen Knospen. Man schneidet einfach den Trieb über zwei gesunden Knospen gerade ab. Verletzen Sie dabei jedoch keine frischen Triebe.

Was wird geschnitten? Als Erstes werden abgestorbene, kranke und schwache Sprosse herausgenommen. Auch überkreuzte Triebe müssen entfernt werden, da sie aneinander reiben und sich dabei verletzen (*siehe oben*).

Weg mit altem Wuchs Abgestorbene Sprosse (*oben*) oder solche, die mit der Zeit holzig und wuchsschwach geworden sind, sollten ebenso herausgeholt werden wie krankes Material. Schneiden Sie jeden Trieb bis auf eine Knospe bzw. ein Knospenpaar am gesunden Holz zurück.

Schnitt dicker Sprosse Sprossabschnitten mit größerem Durchmesser ist mit einer Gartenschere nicht mehr beizukommen. Für sie verwendet man eine Astsäge mit sehr scharfem, gezähntem Sägeblatt, das einen sauberen Schnitt ergibt, oder Astscheren.

Ausputzen einer Kletterrose Das Entfernen von welkem Flor verlängert die Blühdauer, weil die Pflanzen dann ihre Energie nicht mehr in die Produktion von Samen, sondern in neue Blüten stecken. Schneiden Sie die Blüten von Kletterrosen ab, sobald sie zu welken beginnen.

Schnitt und Erziehung einer Kletterrose an einem Bogen

Eine richtig geschnittene Rose an einem Bogen belohnt Sie Jahr für Jahr mit reicher Blütenpracht. Schneiden Sie Kletterrosen im Herbst – aber bitte nicht ohne Schutzhandschuhe.

Vorher

Dieser Rosenbogen ist zu einer wirren Masse aus alten und neuen Trieben verkommen. Er sieht unordentlich aus und blüht obendrein nur noch spärlich.

Nachher

Wuchskräftige Sprosse hat man zurückgeschnitten und an das Gerüst gebunden, während alte Triebe ganz herausgenommen wurden.

1 Nehmen Sie im Herbst zunächst abgestorbene, kranke, vertrocknende und überkreuzte Triebe heraus und lassen Sie nur die gesündesten und kräftigsten stehen. Erst jetzt bringt man den Kletterer in die gewünschte Form.

2 Mit einer scharfen Gartenschere kürzt man jeden verblühten Trieb um rund zwei Drittel bis auf eine kräftige, gesunde Knospe ein. Setzen Sie den Schnitt schräg an, damit das Regenwasser von der Knospe wegrinnt.

3 Alte, blühschwache Triebe gut eingewachsener Kletterrosen schneidet man bis zur Basis zurück. Verwenden Sie eine Astschere oder, besser noch, eine Astsäge, die einen sauberen Schnitt ergibt.

4 Binden Sie neue Triebe an Ösen, die fest im Holz des Bogens verankert sind. Verwenden Sie dafür justierbare Plastikanbinder, wie hier gezeigt, oder zu einer Acht geschlungene Bindfäden.

Schnitt von Clematis

Clematis werden auf drei Arten geschnitten – welche die richtige ist, hängt von ihrer Blütezeit ab. Finden Sie heraus, zu welcher Gruppe Ihre *Clematis* gehört, und gehen Sie dann wie beschrieben vor.

Drei Schnittgruppen von Clematis

Clematis lassen sich nach ihren Schnittansprüchen in drei Gruppen unterteilen (*siehe unten und rechts*). Zu welcher Gruppe Ihr Exemplar gehört, können Sie auf den angehängten Schildchen nachlesen.

Gruppe 1 Die *Clematis* dieser Gruppe blühen früh und werden am zurückhaltendsten geschnitten. Manchmal braucht man die Schere sogar überhaupt nicht anzusetzen. Zur Gruppe 1 gehören *C. alpina*, *C. armandii*, *C. cirrhosa*, *C. macropetala*, *C. montana* und deren Formen.

Gruppe 2 In dieser Gruppe werden die früh bis mittelspät blühenden, großblumigen Hybriden zusammengefasst. Ihnen genügt ein leichter Rückschnitt im Spätwinter vor dem Neuaustrieb. *Clematis* 'Dr. Ruppel', *C.* 'Marie Boisselot' und *C.* 'Miss Bateman' sind einige Formen dieser Gruppe.

Gruppe 3 Die dritte Gruppe besteht aus spät blühenden, großblumigen Hybriden sowie spät blühenden Arten und kleinblumigen Hybriden. Sie müssen im zeitigen Frühjahr vor dem Neuaustrieb stark zurückgeschnitten werden. Zu ihnen zählt man u.a. *Clematis* × *durandii*, *C. tangutica* und *C. rehderiana*.

Gruppe 1

Schneiden Sie die *Clematis* dieser Gruppe nach dem Verblühen. Eigentlich muss man sie überhaupt nicht zurückstutzen, doch belohnen sie ein Ausdünnen mit üppigerer Blüte im folgenden Jahr.

Ratsam ist das Entfernen abgestorbener oder vertrocknender Triebe vor dem eigentlichen Formschnitt. Damit soll ein luftiges, offenes Gerüst geschaffen werden. Nehmen Sie alle Triebe heraus, die ein zu dichtes Gewirr gebildet haben. Man schneidet sie bis auf ein gesundes Knospenpaar zurück, dünnt aber nicht zu radikal aus – es geht nur darum, die Pflanze sauber zu halten bzw. »aufzuräumen« und sie zu begrenzen.

Diese *Clematis* hat ein Dickicht aus Trieben gebildet und braucht dringend eine Schnittkur.

Schneiden Sie unerwünschte Triebe bis auf ein Paar gesunder Knospen zurück. Die losen Sprosse werden an das Rankgitter gebunden.

Gruppe 2

Die früh bis mittelspät blühenden, großblumigen Hybriden zeigen sich nach einem Schnitt von ihrer besten Seite und lohnen Ihre Mühe mit besonders großen Blüten.

Sie brauchen ein kräftiges Gerüst aus gesunden Trieben. Dazu nimmt man abgestorbenen, kranken oder zu lang und dünn geratenen Wuchs im Spätwinter oder zeitigen Frühjahr vor dem Neuaustrieb heraus. Die verbliebenen Triebe werden auf ein Paar gesunder Knospen zurückgenommen, sodass ein offenes Gerüst übrig bleibt. Eine besonders lange Blühsaison erreicht man, wenn man einige Sprosse stärker als andere stutzt. Die zurückhaltend geschnittenen Triebe blühen am vorjährigen, die stark gekürzten etwas später am neuen Holz.

Schneiden Sie *Clematis* der Gruppe 2 bis auf ein Paar kräftiger, gesunder Knospen je Trieb zurück.

Binden Sie Sprosse mit kräftigem Neuaustrieb an die Stütze. Fächern Sie sie dabei möglichst auf.

Gruppe 3

Die Gewächse dieser spät blühenden Gruppe sind bei weitem am einfachsten zu schneiden. Man stutzt sie einfach jedes Jahr im Spätwinter oder zeitigen Frühjahr bis fast zum Boden zurück.

Entfernen Sie zunächst mit einer Gartenschere abgestorbene oder kümmernde Triebe. Dabei dürfen die jungen Triebe, die sich an der Basis der Pflanze bilden, keinesfalls verletzt werden. Schneiden Sie nun die verbliebenen Sprosse von ihrer Stütze und stutzen Sie sie bis auf ein kräftiges Knospenpaar 15–30 cm über dem Boden zurück. Sie bilden die Triebe des diesjährigen Wuchses, der gegen Ende der Saison blühen wird.

Schneiden Sie die Triebe der *Clematis* aus dieser Gruppe bis knapp über dem Boden zurück, um sie zum Austrieb anzuregen.

An dieser halb geschnittenen *Clematis* kann man erkennen, dass die jungen Sprosse keinen Schaden genommen haben.

Schnitt einer Kletterrose an einer Wand

Werden Kletterrosen nicht regelmäßig geschnitten, fangen sie bald an zu wuchern. Deshalb sollte man unerwünschte Triebe jährlich entfernen und die verbleibenden an eine Kletterhilfe binden.

1 Bevor Sie ans Werk gehen, sehen Sie sich die Kletterpflanze erst einmal in Ruhe an und überlegen Sie sich, wie sie nach dem Schnitt aussehen soll. Dann können Sie später unerwünschte Triebe gezielt herausholen.

Tipp

Das Abschneiden welker Blüten verlängert die Blühdauer von Kletterrosen.

2 Der beste Schnittzeitpunkt ist das zeitige Frühjahr. Entfernt werden zunächst abgestorbene, beschädigte oder überkreuzte Triebe. Danach holt man alle Haupttriebe heraus, die den Aufbau stören.

3 Kürzen Sie die verbliebenen Seitentriebe um rund zwei Drittel auf etwa 15 cm ein. Geschnitten wird immer über einer nach außen weisenden Knospe. Dann wächst der Neuaustrieb nicht zur Wand hin.

4 Richten Sie die Haupttriebe an den waagerechten Stützdrähten aus und binden Sie sie mit einer Gartenschnur fest. Halten Sie die Triebe in der gewünschten Stellung, bis sie angebunden sind.

5 Ideal ist ein lockeres Gerüst. Hier überkreuzt ein Haupttrieb die anderen, um eine große Lücke zu schließen, doch ist genügend Abstand vorhanden. Mulchen Sie nun die Basis mit gut verrottetem Dung oder Komposterde.

Schnitt und Erziehung von Rosen: zusätzliche Tipps

Rosen reagieren gut auf regelmäßigen Schnitt und sorgfältige Erziehung. Man muss ihnen die richtige Pflege angedeihen lassen. Deshalb gilt es zunächst festzustellen, ob Sie eine Kletter- oder eine Schlingrose haben.

Rosenwand Eine verwitterte Ziegelmauer ist wie geschaffen für eine rosafarbene Kletterrose. Nicht sichtbare Drähte und geschickter Schnitt erwecken den Eindruck, als hielte sich die Rose selbstständig an der Wand fest. Dieses Arrangement wird alljährlich mit seiner Blütenpracht begeistern.

Schnitt von Schlingrosen

Schlingrosen, auch Rambler genannt, sind wuchskräftiger als Kletterrosen und zeichnen sich durch biegsame Triebe und lockeren Wuchs aus. Man zieht sie am besten an Bäumen oder einer Pergola und schneidet sie nach der Blüte im Sommer. Nehmen Sie abgestorbenen Wuchs heraus; auch ein Drittel der ältesten Triebe wird entfernt. Schneiden Sie gesunde Seitentriebe bis auf 8 cm zurück, sodass nur noch drei kräftige Knospen bleiben.

Das Zurückstutzen von Seitentrieben fördert die Wuchskraft.

Kletterrosen an Stangenzelten

Kletterrosen eignen sich vorzüglich zur Begrünung rustikaler Stangenzelte. Führen Sie die Triebe um die Pfosten, damit so viel wie möglich von der Stütze bedeckt wird. Entlang der Pfosten werden einige Haken in das Holz geschlagen, an denen man die Triebe anbinden kann. Wenn die Rose im Frühjahr über die Spitze des Stangenzelts hinausgewachsen ist, zwickt man hohe Triebe ab und schneidet Seitensprosse bis auf drei gesunde Knospen zurück.

Kürzen Sie zu wuchskräftige Triebe, um eine ausgewogene Form zu erhalten.

Rosen an Seilen

Immer häufiger sieht man Seile als Stütze für Kletter- und Schlingrosen. Sobald eine Rose groß genug ist und sich horizontal erziehen lässt, kann man sie an ein Seil führen und in Wuchsrichtung herumschlingen, sodass sie möglichst natürlich aussieht. Seitentriebe werden bis auf drei Augen eingekürzt und mit einer Schnur festgebunden. Biegen Sie besonders ältere Triebe nicht zu stark, da sie spröde sind und leicht brechen.

Seitentriebe kürzen

Lose Triebe einbinden

Geschlungene Rosen an einem Holzrahmen

Wer seinen Garten um einen Blickfang bereichern möchte, kann seine Rose um einen Holzrahmen oder ein Klettergerüst wachsen lassen. Statt die Triebe nur an einer Seite der Stütze hochzuziehen, schlingt man sie in großen Bögen durch und über das Gerüst, solange sie noch jung und biegsam sind. Der Vorteil: Sie zeigen ihre Blüten auf beiden Seiten der Stütze. Im zeitigen Frühjahr schneidet man Seitentriebe bis auf drei, vier Knospen zurück.

Flechten Sie die Rosentriebe durch einen stabilen Holzrahmen.

Die Blühfreudigkeit verbessern

Durch Entfernen alter Blütenstände verlängert man die Blühdauer remontierender, also mehrmals pro Saison blühender Rosen zusätzlich. Dabei werden welke Köpfe sogleich herausgenommen. Man bricht sie entweder mit den Fingern ab oder schneidet sie mit der Gartenschere. Das Ausputzen von verblühtem Flor verhindert, dass Hagebutten mit Samen heranreifen. Einmalblühende Rosen sollten jedoch nicht ausgeputzt werden.

Entfernen Sie welke Blüten.

Ohne Blüten keine Hagebutten!

Verjüngen alter Rosen

Nach einigen Jahren verholzen Kletterrosen und tragen immer weniger Blüten. Deshalb holt man alte Pflanzenteile von Zeit zu Zeit heraus und fördert den Austrieb von jungem, kräftigem Wuchs. Jede Saison schneidet man ein, zwei der ältesten Stämme bis auf 30 cm über dem Boden zurück. Das macht man zwei, drei Jahre lang, bis alle alten Triebe durch neue ersetzt worden sind. Düngen Sie die Rose nach dem Schnitt mit einem handelsüblichen Dünger.

Verjüngen Sie eine Rose durch Herausnehmen der ältesten Triebe.

Schnitt von Wisterien

Kaum ein Kletterer macht mehr Eindruck als eine Wisterie in voller Blüte. Um auch wirklich jedes Jahr in den Genuss ihrer Blütenmassen zu kommen, muss man sie allerdings im Sommer und Winter zurückschneiden. Und so wird's gemacht:

Tipp

Schneiden Sie die an senkrechten Stützen hochkletternden Triebe, um die Pflanze zum Austrieb vieler Blüten anzuregen.

1 Überlässt man eine Wisterie sich selbst, bildet sie lange, dünne Triebe, sodass ein unansehnliches Dickicht entsteht. Die Pflanze blüht im nächsten Jahr besser, wenn man sie schneidet und flach an einer Mauer erzieht.

2 Im Spätsommer, etwa zwei Monate nach der Blüte, kürzt man den diesjährigen Wuchs bis auf 15 cm vor einem Hauptzweig ein. Am gestutzten Trieb sollten höchstens noch sechs Blätter stehen.

3 Im Winter schneidet man die im Sommer gekürzten Triebe auf 8–10 cm zurück und lässt nur zwei, drei Knospen stehen. Das fördert den Austrieb kurzer Seitentriebe, die im folgenden Jahr blühen.

4 Schneiden Sie die gesamte Wisterie, sodass ein Gerüst aus gekürzten Trieben übrig bleibt. Damit die Zweige unter dem Gewicht der Blüten in der kommenden Saison nicht brechen, bindet man sie fest an die Stütze.

Schnitt weiterer Kletterpflanzen

Die meisten Kletterer brauchen einen Schnitt – und sei es auch nur das Abzwicken aus der Reihe tanzender Triebe. Hier einige Tipps, wie man die gängigsten Kletterpflanzen am besten zurückstutzt.

Efeu (*Hedera*) Ein Efeu (*rechts*) kann ziemlich lästig werden, wenn man ihm nicht regelmäßig Grenzen setzt. Er reagiert gut auf einen Schnitt und treibt aus zahlreichen Knospen wieder aus.
Schnitt Man kann Efeu zu jeder Jahreszeit eindämmen, sollte ihn jedoch nicht während des Flors stutzen.

Echter Jasmin (*Jasminum officinale*) Der Echte Jasmin (*links*) kann in wenigen Jahren zum undurchdringlichen Dickicht verkommen, wenn man ihn sich selbst überlässst. Rücken Sie ihm mit der Gartenschere zu Leibe – er wird sich mit kräftigerem Wuchs und schönerer Blüte bedanken. Beim Ausdünnen entdeckt man außerdem Krankheiten und Schädlinge leichter.
Schnitt Schneiden Sie den Jasmin direkt nach der Blüte. Nehmen Sie zunächst abgestorbenes, vertrocknendes oder krankes Holz heraus und stutzen Sie anschließend Triebe, die geblüht haben, bis auf kräftige Knospen zurück. Zum Schluss werden noch Triebe entfernt, die sich zu einer dichten Masse formiert haben. Selbst nach dem Schnitt sollte reichlich gesunder Wuchs vorhanden sein.

Heckenkirsche (*Lonicera*) Sie ist ein echter Gärtnerliebling, der besonders wegen seines süßen Dufts geschätzt wird. Doch wächst sie oft mit aller Macht himmelwärts und trägt gerade weit oben an der Spitze die meisten Blätter und Blüten, während man unten nur noch unansehnliche, nackte Triebe zu Gesicht bekommt. Durch regelmäßigen Schnitt fördert man den Austrieb nahe der Basis.
Schnitt Die beste Zeit für den Schnitt ist nach der Blüte im Spätsommer. Ein eingewachsenes, gesundes Exemplar stutzt man, indem man mit einer Heckenschere Seitentriebe abzwickt, was den Wuchs weiter unten fördert. Die Seitentriebe kleinerer, jüngerer Pflanzen sollten bis auf zwei bis drei Knospen vor dem Hauptstamm zurückgenommen werden. Verjüngen Sie eine alte Pflanze, indem Sie alle Triebe im Herbst oder Winter bis auf 60 cm einkürzen.

Passionsblume (*Passiflora*) Ob eine Passionsblume (*rechts*) zurückgestutzt werden muss, hängt von ihrem Standort ab. Darf sie einen großen Baum hochklettern, kann man sie vermutlich in Ruhe lassen. Wenn sie jedoch als Solitär an einer Wand gezogen wird, sollte man ihr auf jeden Fall einen anständigen Schnitt verpassen. In der Regel reicht dafür eine Gartenschere, doch verholzen manche Triebe mit der Zeit so stark, dass man ihnen nur noch mit einer Astsäge beikommen kann.

Schnitt Schneiden Sie die Passionsblume entweder direkt nach der Blüte oder im März–April vor dem Neuaustrieb. Seitentriebe werden bis auf drei bis vier Knospen zurückgenommen. Um die Pflanze generell in Form zu bringen, schneidet man die Triebe einfach beliebig weit zurück.

Jungfernrebe (*Parthenocissus*) Die Dreilappige Jungfernrebe (*P. tricuspidata, links*) und die Gewöhnliche Jungfernrebe (*P. quinquefolia*) sind sehr schnellwüchsig. Weil ihre unteren Triebe zudem einwurzeln, sobald sie den Boden berühren, kann es vorkommen, dass im ganzen Garten neue Pflanzen sprießen. Ein Schnitt ist daher besonders wichtig.

Schnitt Mit dem Schnitt beginnt man erst, nachdem das Laub abgefallen ist. Stutzen Sie zu lange Triebe ebenso zurück wie solche, die über ihren angestammten Platz hinausgewachsen sind. Sie werden bis auf gesunde Knospen eingekürzt, aus denen dann neue Triebe sprießen. Auch zu üppigen Sommerwuchs weist man auf diese Art und Weise in die Schranken.

Vitis (*Rebe*) Wie die Jungfernrebe wird auch die eigentliche Rebe (*rechts*) zumeist wegen ihres leuchtenden Herbstlaubs gezogen. Man lässt sie über Schuppen und andere Nebengebäude wachsen, zieht sie an Gartenmauern bzw. -zäunen oder weist ihr einen Platz an einem Rankgitter oder einer Pergola zu. Wo immer sie auch gedeiht – ein kleiner Rückschnitt schadet nicht. Stutzt man sie im Sommer, muss man allerdings damit rechnen, dass die Herbstfärbung etwas weniger spektakulär ausfällt.

Schnitt Die Triebe naturnah gezogener Reben werden im Februar oder August zurückgeschnitten. Bei Exemplaren an einer Mauer, einer Pergola oder einem Rankgitter nimmt man die Seitentriebe im März–April bis auf drei bis vier Knospen vor dem Haupttrieb heraus.

Vermehrung durch Absenker

Das Absenken ist eine unkomplizierte Vermehrungsmethode für viele Kletterpflanzen. Man ritzt einfach einen niedrig wachsenden Trieb an und bringt ihn mit der Erde in Kontakt.

Manche Kletterer wie Sternjasmin (*Trachelospermum*) und Efeu (*Hedera*) bilden von selbst Absenker, sobald ein Trieb bzw. Zweig Bodenberührung hat. Die meisten anderen allerdings brauchen etwas Unterstützung durch einfaches oder wellenförmiges Absenken. Hier eine Liste von Kletterern, die sich auf diese Weise vermehren lassen.

Einfaches Absenken

- *Akebia quinata*
- *Humulus lupulus*
- *Passiflora caerulea*
- *Pileostegia viburnoides*
- *Schizophragma integrifolium*
- *Vitis coignetiae*

Wellenförmiges Absenken

- *Ampelopsis brevipedunculata*
- *Campsis* x *tagliabuana*
- *Celastrus orbiculatus*
- *Clematis*
- *Holboellia coriacea*

1 Vergraben Sie im Frühjahr einen 10-cm-Topf in der Nähe der zu vermehrenden Pflanze bis fast zum Rand in der Erde. Füllen Sie ihn mit frischer Blumenerde, die Sie leicht mit der Hand andrücken.

2 Führen Sie einen gesunden, niedrigen Trieb der Pflanze über den Topf, und ritzen Sie die Unterseite eines Triebabschnitts zwischen zwei Blattansätzen mit einem Messer an.

3 Tauchen Sie die offene Wunde in etwas pulverförmiges Bewurzelungshormon, um die Wurzelbildung zu beschleunigen. Entfernen Sie das Pulver, indem Sie mit dem Finger leicht auf den Trieb klopfen. Waschen Sie danach Ihre Hände.

4 Biegen Sie ein Stück Draht zu einer U-Form. Drücken Sie den angeritzten Abschnitt leicht in die Erde und fixieren Sie ihn mit dem umgedrehten Draht. Gegebenenfalls kann etwas Substrat darübergehäufelt werden.

5 Binden Sie das lose Ende des Triebs an einen Stab neben dem versenkten Topf. Bis zum Herbst müssten sich Wurzeln gebildet haben. Dann können Sie den Absenker unweit der Elternpflanze mit einer Gartenschere abschneiden.

Wellenförmiges Absenken

Beim wellenförmigen Absenken gewinnt man aus einem Trieb gleich eine ganze Reihe von Pflänzchen. Ritzen Sie im Frühjahr mehrere Abschnitte eines Sprosses ein und behandeln Sie jede Wunde mit Bewurzelungshormon. Stecken Sie die eingeritzten Stellen mit einer Drahtklammer so im Boden fest, dass sie etwas mit Erde bedeckt sind. Bei Bedarf häufelt man noch etwas Erde darüber.

Vermehrung durch Stecklinge

Eine Vermehrung kann auch durch krautige, von frischen Triebspitzen stammende Stecklinge im Frühjahr oder halbausgereifte, also bereits festere Stecklinge im Spätsommer erfolgen.

Vermehrung durch halbausgereifte Stecklinge

- *Akebia*
- *Berberidopsis*
- *Campsis*
- *Clematis*
- *Passiflora*
- *Trachelospermum*

Vermehrung durch krautige Stecklinge

- *Bignonia*
- *Hedera* (manche Arten)
- *Hydrangea*
- *Lonicera* (manche Arten)
- *Schisandra*
- *Wisteria*

1 Halbausgereifte Stecklinge gewinnt man zwischen Hochsommer und Frühherbst. Schneiden Sie dazu ein 10–15 cm langes Triebstück ab. Krautige Stecklinge werden im späten Frühjahr abgenommen; sie sollten 4–5 cm lang sein.

2 Stutzen Sie jeden Steckling bis knapp unter einen Blattansatz zurück. Zupfen Sie die untersten Blätter mit den Fingern ab. Die Blätter von krautigen Stecklingen werden halbiert.

3 Die meisten Stecklinge wurzeln zwar von selbst ein, doch erhöht man die Erfolgsquote, indem man das Ende in Bewurzelungshormon taucht. Klopfen Sie überschüssiges Pulver ab und waschen Sie sich anschließend die Hände.

4 Füllen Sie einen Topf mit Anzuchterde, in die Sie etwas Perlit mischen. Drücken Sie die Stecklinge nun so in die Erde, dass ihre Blätter sich nicht berühren. In einen 9-cm-Topf passen etwa zehn Stecklinge. Dann gut wässern.

5 Stülpen Sie über den Topf eine Plastikfolie, die Sie mit Stäben stützen und mit einem um den Topfrand gespannten Gummiband befestigen. Dann stellt man das Gefäß in einen Anzuchtkasten oder auf ein warmes Fensterbrett.

Optimale Pflege für Ihre Kletterer

Jede Pflanze braucht etwas Pflege und Aufmerksamkeit, wenn sie sich von ihrer besten Seite zeigen soll – Kletterer sind davon keine Ausnahme. Sorgen Sie zuallererst für ausreichende Wasser- und Nährstoffzufuhr. Halten Sie außerdem immer wieder Ausschau nach Anzeichen eines Schädlings- oder Krankheitsbefalls. In diesem Kapitel erfahren Sie, wie Sie wässern, ohne wertvolle Flüssigkeit zu vergeuden, und Ihre Kletterer optimal düngen, damit sie gesund bleiben. Welche Arten sind für welche Schädlinge und Krankheiten anfällig und was kann man dagegen tun? Der Pflegekalender am Ende des Kapitels gibt Auskunft darüber, welche Arbeiten in welcher Jahreszeit anfallen.

Gießen und Düngen

Optimal gedeihen Kletterpflanzen nur, wenn man sie regelmäßig wässert und düngt. Weil Wasser immer knapper wird, sollte man so gießen, dass möglichst wenig verbraucht wird und Ihre Pflanzen trotzdem gesund bleiben.

Was wann gegossen wird Reife Pflanzen müssen nur während längerer Trockenperioden gegossen werden. Jungpflanzen, frisch gesetzte Gewächse und Kübelpflanzen hingegen brauchen regelmäßig Nachschub. Gießen Sie frühmorgens oder abends.

Wässern mit Köpfchen Es gibt viele Möglichkeiten, Pflanzen eine Flüssigkeitsration gekonnt zu verabreichen – einfach nur Unmengen Wasser darüberzuschütten, gehört freilich nicht dazu. Wenn Sie von Hand gießen, tränken Sie den Boden um die Basis Ihres Kletterers, um eine Vergeudung von kostbarem Nass zu vermeiden.

Bewässerungssysteme bestehen aus einem Netz löcheriger Schläuche, die auf dem Gartenboden verlegt werden. Man kann sie manuell oder mit einer Zeitschaltuhr regulieren, die die Zufuhr zu vorprogrammierten Zeiten einschaltet. Das Wasser tröpfelt dabei auf den Boden und sickert so direkt in den Wurzelraum. Eine noch effizientere Flüssigkeitszufuhr erreicht man, indem man die Schläuche mit einer Mulchschicht bedeckt.

Kletterpflanzen in Gefäßen leiden schneller unter Wassermangel als ihre in Rabatten wachsenden Verwandten, denn den Wurzeln steht nur eine begrenzte Menge Erde zur Verfügung. Bei großer Hitze müssen Topfgewächse manchmal sogar mehrmals täglich gewässert werden. Fügen Sie dem Substrat beim Einpflanzen der Kletterer gegebenenfalls ein Wasser speicherndes Gel hinzu. Prüfen Sie die Töpfe täglich und gießen Sie sie nach Bedarf. Wichtig ist gründliches Wässern, damit das Nass auch wirklich das gesamte Substrat durchdringt. Vielleicht lohnt sich sogar die Anschaffung einer automatischen Bewässerungsvorrichtung, die alle Gefäße über ein Schlauchsystem mit Flüssigkeit versorgt. Dann bekommen Ihre Gewächse regelmäßig zu trinken, selbst wenn Sie einmal im Urlaub sind.

Nahrung für Jungpflanzen Geben Sie Ihren Zöglingen einen guten Start ins Pflanzenleben, indem Sie sie mit allem Nötigen versorgen. Beim Einpflanzen arbeitet man gut verrotteten Dung oder Humus aus dem Komposter in das Pflanzloch und die es umgebende Erde ein. Diese organische Materie gibt nach und nach Nährstoffe frei, ermöglicht jungen Kletterern den Aufbau eines kräftigen, gesunden Wuchses und verbessert obendrein die Wasserspeicherfähigkeit des Bodens. Man kann auch ein handelsübliches Düngergranulat unter den Aushub mischen, den man wieder in das Pflanzloch füllt. Halten Sie sich an die Empfehlungen des Herstellers – Jungpflanzen brauchen eine geringere Dosis als eingewachsene Exemplare.

Jahresgaben Regelmäßiges Düngen ist nicht immer nötig. Genauso gut können Sie Ihren Kletterern einmal pro Saison einen Langzeitdünger verabreichen, der seine Nährstoffe über einen langen Zeitraum hinweg langsam freigibt. Man mischt das Granulat einfach beim Pflanzen in das Erdreich oder arbeitet es um einen eingewachsenen Kletterer herum in den Boden ein. Das hat gleich zwei Vorteile: Man braucht nur einmal im Jahr etwas Zeit aufzuwänden und kann seine Gewächse nicht versehentlich überdüngen, was noch verheerendere Folgen hätte als ein Nährstoffmangel. Halten Sie sich aber trotzdem stets an die Vorgaben des Herstellers.

Nährstoff-Turbo Manchmal brauchen Kletterpflanzen eine zusätzliche Düngergabe, obwohl man sie mit gut verrottetem Dung und einem Langzeitdünger ausreichend versorgt hat – allerdings nur dann, wenn sie in stark durchlässigem Boden wachsen oder sich die Blätter wegen eines mutmaßlichen Nährstoffmangels verfärben. Mit einem vorgemischten Flüssigdünger oder einem Konzentrat bringt man sie wieder auf Vordermann. Flüssigdünger wird in der Regel mit dem Gießwasser ausgebracht oder in seltenen Fällen auch direkt auf das Laub gesprüht, damit er besonders schnell aufgenommen wird. Es gibt sogar schon Düngeautomaten, die man an das Bewässerungssystem anschließt und die das Gießwasser dosiert mit Nährstoffen anreichern.

Schädlingsbekämpfung

So gut Sie Ihre Kletterer auch pflegen, irgendwann müssen Sie mit einer Schädlingsattacke rechnen. Ergreifen Sie schon bei den ersten Anzeichen eines Befalls Gegenmaßnahmen. So halten Sie den Schaden in Grenzen.

Vorsorge ist besser als Nachsorge Pflanzen Sie Sorten, die als relativ schädlingsresistent gelten und für die die Bedingungen in Ihrem Garten am besten geeignet sind. Wichtig ist auch gute Pflege, denn kräftige, gesunde Exemplare sind widerstandsfähiger als Kümmerlinge.

Frühwarnung Gehen Sie möglichst täglich durch den Garten und halten Sie nach Befallsanzeichen Ausschau. Wenn Sie wissen, welcher Schädling sich eingenistet hat, können Sie ihm gezielt zu Leibe rücken. Werden Schädlinge frühzeitig erkannt und bekämpft, kann man vielen den Garaus machen oder sie zumindest in Schach halten.

Verbündete des Gärtners Lassen Sie Marienkäfer, Florfliegen und andere Nützlinge in Ihrem Garten heimisch werden. Diese umweltschonenden Schädlingsbekämpfer stehen Ihnen im Kampf gegen Eindringlinge bei. Denken Sie daran: Viele Pestizide schaden auch Marienkäfern und Florfliegen.

Marienkäferlarve

Bekämpfung Manche Bekämpfungsmaßnahmen sind so einfach wie wirkungsvoll. Dazu gehören Ohrwurmfallen aus locker mit Stroh gefüllten Blumentöpfen, die man umgedreht auf einen Stock steckt. Die Schädlinge werden dann abgesammelt. Manchen Schädlingen ist allerdings nur mit geeigneten Pestiziden beizukommen.

Schädlingsbestimmung

Weiße Fliege Die Sauginsekten rufen Blattmissbildungen hervor. Schlupfwespen einsetzen oder Blattunterseiten mit geeignetem Präparat besprühen.

Blattwanze Alttiere saugen an den Triebspitzen, was missgebildete Blätter zur Folge hat. Wanzen morgens absammeln oder mit Präparat bekämpfen.

Gefurchter Dickmaulrüssler Käfer fressen Blattränder bogenförmig aus, während Larven die Wurzeln zernagen. Nematoden ins Gießwasser geben.

Schnecken Schnecken raspeln Löcher in Blätter, Stängel und Blüten. Schnecken abends absammeln oder Nematoden ausbringen.

Blattminierer Die Larven dieser Insekten fressen helle Gänge in die Blätter. Geschädigtes Laub abpflücken und vernichten.

Rote Spinne Hauchdünne Fäden an Jungtrieben sind Anzeichen für einen Befall. Mit nützlingsschonenden Mitteln besprühen.

Ameisen Ameisen bauen unterirdische Nester, wobei sie die Wurzeln von Pflanzen untergraben. Sie sind eher lästig als wirklich schädlich.

Blattläuse Diese Pflanzensaft saugenden Schädlinge rufen Wuchsstörungen hervor. Nützlinge können den Schädling in Schach halten.

Ohrwürmer Fraßlöcher an Blüten sind manchmal auf Ohrwürmer zurückzuführen. Eventuell auf blattlausgeschädigte Pflanzen umsetzen.

Schutz vor Krankheiten

Vorbeugen ist besser als heilen – das gilt auch für Pflanzen. Überprüfen Sie Ihre Gewächse regelmäßig auf erste Anzeichen eines Befalls.

Geben Sie Pflanzen, was sie brauchen Krankheiten vermeidet man am ehesten, indem man seine Gewächse bei guter Gesundheit hält, denn kräftige Exemplare wehren Angriffe leichter ab als schwache. Wichtig sind vor allem optimale Klima- und Bodenbedingungen. Stimmt die Durchlässigkeit des Erdreichs? Wachsen sie an einem Standort mit den für sie geeigneten Lichtverhältnissen? Bekommen sie ausreichend Nährstoffe?

Virenalarm Ein Virenbefall äußert sich in der Regel in verkümmertem Wuchs und Verfärbungen von Laub sowie Blüten. Schneiden Sie befallene Pflanzen sofort ab, waschen Sie das Werkzeug und pflanzen Sie dort keine ähnlichen Gewächse mehr.

Vorbeugung Vermeiden Sie die Ausbreitung von Krankheiten, indem Sie den Boden um Ihre Pflanzen sauber halten. Sammeln Sie welkes Laub, abgestorbene Triebe, abgefallene Blüten und alles, was irgendwie krank aussieht, so oft wie möglich auf.

Heilung Krankheiten müssen oft mit speziellen Mitteln behandelt werden. Bevor Sie ein Produkt kaufen, sollten Sie allerdings wissen, um welche Krankheit es sich handelt. Auskunft geben Bücher und Webseiten. Fragen Sie gegebenenfalls einen Fachmann.

Häufige Krankheiten

Clematis-Welke Blätter und Triebe welken und sterben ab. Schneiden Sie infizierte Teile heraus. Wenn man *Clematis* tiefer pflanzt, als sie im Topf gestanden haben, können geschützte schlafende Augen unter der Bodenoberfläche austreiben.

Rotpustelkrankheit Es bilden sich winzige, orangefarbene Pusteln an abgestorbenen, verholzten Trieben und Zweigen. Der Pilz kann die ganze Pflanze zum Absterben bringen. Schneiden Sie infizierte Teile heraus, werfen Sie sie aber nicht auf den Kompost.

Falscher Mehltau Auf den Blättern zeigen sich Verfärbungen und an der Unterseite bildet sich ein grauweißer Flaum. Entfernen und entsorgen Sie krankes Laub und verbessern Sie die Luftzirkulation um die Pflanze. Drosseln Sie die Wassergaben.

Echter Mehltau Ein weißer Belag bildet sich auf Blättern und Trieben befallener Exemplare. Enfernen Sie erkrankte Teile. Zu intensives Wässern fördert einen Befall, vor allem auf trockenen Böden. Eventuell bekämpft man den Pilz mit einem Fungizid.

Rost Auf Blättern und Trieben bilden sich orangefarbene oder braune Pusteln. Entfernen und entsorgen Sie befallene Teile und verbessern Sie die Luftzirkulation um die Pflanze. Spritzen Sie gegebenenfalls ein Fungizid und pflanzen Sie rostresistente Formen.

Sternrußtau Diese Pilzkrankheit verursacht schwarze Flecken auf Rosenblättern. Das Laub fällt ab. Schneiden Sie kranke Blätter ab und entsorgen Sie sie. Im Frühjahr spritzt man wiederholt ein zugelassenes Fungizid – streng nach Angaben des Herstellers.

Pflege im Herbst und Winter

Wenn Sie Ihre Gewächse auch im Herbst und Winter gut pflegen, können diese im Frühjahr bei bester Gesundheit loslegen. Einige Kletterer werden im Herbst gepflanzt, andere in dieser Jahreszeit vermehrt.

Einjährige

Wässern und Düngen

- Blühende Einjährige werden gegossen, solange sie blühen. Das gilt vor allem für Topfpflanzen.

Vermehrung

- Duft-Wicken (*Lathyrus odoratus*) werden im Frühwinter in Töpfen oder Saatschalen ausgesät, die man in ein Frühbeet stellt. Alternativ sät man sie im Frühjahr direkt ins Freiland. Decken Sie die Samen mit dornigen Zweigen ab, um Vögel fernzuhalten.

Allgemeine Pflege

- Schneiden Sie die Triebe abgestorbener Einjähriger von ihrer Stütze.
- Ernten Sie Ziermelonen.
- Nehmen Sie Samen von spät blühenden Gewächsen ab und lagern Sie sie in Papiertüten an einem trockenen, kühlen Ort, bevor sie im Frühjahr ausgesät werden.
- Bereiten Sie den Boden jetzt schon für die Aussaat im Frühjahr vor.

Clematis

Schnitt

- Schneiden Sie die abgestorbenen Triebe von *Clematis* der Gruppe 3 ab.

Pflanzung

- Setzen Sie *Clematis* im Herbst, wenn der Boden noch relativ warm und feucht ist, in vorbereitete Pflanzlöcher.

Wässern und Düngen

- Wässern Sie bei anhaltender Trockenheit weiterhin.

Vermehrung

- Säen Sie *Clematis*-Arten wie *C. alpina* im Herbst in Töpfe und stellen Sie sie in Frühbeete.
- Vermehren Sie einige *Clematis* im Spätwinter durch Absenken.

Allgemeine Pflege

- Mulchen Sie um großblumige Hybriden.
- Schützen Sie nicht winterharte Formen im Winter mit einer Strohschicht oder wickeln Sie sie in Gärtnervlies.

Duft-Wicken (*Lathyrus odoratus*) werden im Herbst ausgesät.

Der Herbst ist für *Clematis* die ideale Pflanzzeit.

Rosen

Schnitt

- Entfernen Sie welke Blüten, falls Sie keine Hagebutten als Herbstschmuck haben möchten.
- Schneiden Sie Schlingrosen, falls nötig.
- Schneiden Sie Rosen auf ein dauerhaftes Gerüst zurück.

Pflanzung

- Bestellen Sie im Herbst von Spezialgärtnereien wurzelnackte Rosen und pflanzen Sie sie gleich nach dem Eintreffen im Frühwinter, sofern der Boden nicht gefroren oder staunass ist.
- Pflanzen Sie bei günstiger Witterung in Gefäßen gezogene Rosen.

Wässern und Düngen

- Gießen Sie bei längerer Trockenheit auch im Herbst.

Allgemeine Pflege

- Überprüfen Sie, ob alle Triebe gut an die Stützen gebunden sind, um Windschäden zu vermeiden.
- Mulchen Sie die Pflanzen mit gut verrottetem Dung oder Komposterde.

Rosen mit dekorativen roten Hagebutten schneidet man besser nicht.

Andere mehrjährige Kletterer

Schnitt

- Schneiden Sie Reben (*Vitis*), die als Zierpflanzen gezogen werden.
- Schneiden Sie die Seitentriebe von Wisterien, die im Sommer zurückgestutzt wurden, bis auf drei Knospen zurück.

Pflanzung

- Pflanzen Sie immergrüne und krautige Kletterer im Herbst, solange das Erdreich noch nicht gefroren oder staunass ist.

Wässern und Düngen

- Gießen Sie frisch gepflanzte Kletterer gut.
- Arbeiten Sie vor dem Einpflanzen Langzeitdünger in das Pflanzloch ein.

Allgemeine Pflege

- Die Pflanzen müssen gut an ihrer Stütze fixiert sein, damit der Wind sie nicht lockern kann.
- Sammeln Sie reife Samen von trockenen Samenständen und lagern Sie sie bis zur Aussaat im Frühjahr in Papiertüten oder Briefumschlägen an einem kühlen, trockenen Platz.

Die Pflanzen müssen fest mit ihrer Stütze verbunden sein.

Pflege im Frühjahr

Jetzt erwachen Kletterer zu neuem Leben und verändern ihr Aussehen fast täglich. Überprüfen Sie Ihre Pflanzenschätze regelmäßig und bieten Sie ihnen optimale Wuchsbedingungen – sie werden Sie bald reichlich dafür belohnen!

Einjährige

Schnitt

- Zwicken Sie die Triebspitzen junger Duft-Wicken (*Lathyrus odoratus*) ab, sobald sie 5 cm hoch sind.

Pflanzung

- Setzen Sie die im Herbst in Töpfe gesäten Duft-Wicken jetzt ins Freiland um.

Wässern und Düngen

- Der Boden muss stets feucht bleiben.
- Verabreichen Sie Topfpflanzen einen Langzeitdünger.

Vermehrung

- Nicht winterharte Einjährige sät man im zeitigen Frühjahr unter Glas aus.
- Winterharte kommen im Mai–Juni ins Freiland.

Schädlinge und Krankheiten

- Halten Sie Ausschau nach Befallsanzeichen.

Allgemeine Pflege

- Streuen Sie eine Mulchschicht um Jungpflanzen.

Pflanzen Sie Sämlinge in Töpfe.

Clematis

Schnitt

- Zu dicht gewordene *Clematis* der Gruppe 1 werden nach der Blüte geschnitten. Exemplare der Gruppe 2 stutzt man nur leicht, die der Gruppe 3 kräftig zurück.

Pflanzung

- Pflanzen Sie *Clematis* in vorbereitete Erde ins Freiland.

Wässern und Düngen

- Halten Sie den Wurzelraum feucht.
- Düngen Sie ausgewogen.

Vermehrung

- Jetzt ist es an der Zeit, Stecklinge abzunehmen, krautige Clematis zu teilen und neu zu pflanzen und geeignete Formen durch Absenker zu vermehren.

Schädlinge und Krankheiten

- Schützen Sie frische Triebe vor Schnecken und Läusen.

Allgemeine Pflege

- Stützen Sie krautige Formen mit Stäben.

Schneiden Sie *Clematis* der Gruppe 2 und 3 noch vor dem Austrieb.

Rosen

Schnitt

- Kletterrosen werden im zeitigen Frühjahr zum letzten Mal geschnitten.

Pflanzung

- Pflanzen Sie in Töpfen gezogene Rosen jetzt aus. Der Boden darf aber weder gefroren noch staunass sein.
- In kalten Gegenden pflanzt man wurzelnackte Rosen.

Wässern und Düngen

- Wässern Sie Ihre Pflanzen an warmen Tagen.
- Verabreichen Sie ihnen einen Flüssigrosendünger.

Schädlinge und Krankheiten

- Bekämpfen Sie Schädlinge und Krankheiten entsprechend.
- Schneiden Sie befallene Pflanzenteile ab.
- Zerdrücken Sie Blattläuse an Rosenknospen.

Allgemeine Pflege

- Mulchen Sie den Wurzelraum der Pflanzen.
- Binden Sie lange Triebe an ihre Stütze.
- Rosensorten werden in der Regel auf die Unterlagen wuchskräftiger Wildrosen veredelt. Wenn Triebe mit kleineren Blättern, die aus dem Wurzelstock austreiben (so genannte »Wildlinge«) nicht entfernt werden, können sie die Sorte schwächen bzw. verdrängen.

Ziehen Sie Wildlinge von Hand aus dem Boden.

Andere mehrjährige Kletterer

Schnitt

- Entfernen Sie abgestorbenen, kranken oder ungünstig stehenden Wuchs vor dem Neuaustrieb nun zum letzten Mal.
- Führen Sie gegebenenfalls einen Verjüngungsschnitt durch.

Pflanzung

- Siedeln Sie Topfpflanzen jetzt ins Freiland um, falls der Boden nicht noch gefroren oder staunass ist.

Wässern und Düngen

- Halten Sie den Wurzelraum der Kletterer feucht, vor allem wenn sie frisch eingepflanzt wurden.

Vermehrung

- Nehmen Sie krautige Stecklinge von Kletterern wie *Schisandra* und *Wisteria* ab.

Schädlinge und Krankheiten

- Halten Sie Ausschau nach Anzeichen eines Befalls und ergreifen Sie geeignete Bekämpfungsmaßnahmen.
- Schützen Sie anfällige Kletterer vor Schnecken.

Allgemeine Pflege

- Junge Triebe werden an ihre Stütze gebunden.

Binden Sie die jungen Triebe mehrjähriger Kletterer an ihre Stütze.

Pflege im Sommer

Nun haben die Pflanzen ihren Saisonhöhepunkt erreicht. Damit sie weiter gut wachsen und reichlich Blätter und Blüten austreiben, brauchen sie viel Wasser. Zwicken Sie welken Flor ab, um die Blühdauer zu verlängern.

Einjährige

Schnitt

- Schneiden Sie abgestorbenen Wuchs heraus.

Pflanzung

- Aus Samen gezogene Einjährige werden im Frühsommer ins Freiland umgesiedelt.

Wässern und Düngen

- Halten Sie Boden oder Topferde gleich bleibend feucht.
- Düngen Sie die Pflanzen (ausgenommen kletternde Brunnenkressen).

Schädlinge und Krankheiten

- Bekämpfen Sie Blattläuse.
- Sorgen Sie für Luftzirkulation an dichten Kletterern.

Allgemeine Pflege

- Mulchen Sie um die Pflanzenbasis herum.
- Binden Sie Triebe an die Stütze.
- Enfernen Sie welke Blüten, falls Sie später keine Samen sammeln möchten.

Clematis

Schnitt

- Schneiden Sie nur die Triebe heraus, die über ihren angestammten Platz hinauswachsen.

Pflanzung

- Bei großer Hitze keine *Clematis* pflanzen.

Wässern und Düngen

- Verabreichen Sie *Clematis* alle drei Wochen einen Flüssigdünger, vor allem wenn sie in Gefäßen gezogen werden, und wässern Sie sie gut.

Vermehrung

- Im Hochsommer halbausgereifte Stecklinge abnehmen.

Schädlinge und Krankheiten

- Spritzen Sie gegen Blattläuse oder zerdrücken Sie sie.
- Schützen Sie frischen Wuchs vor gefräßigen Schnecken.

Allgemeine Pflege

- Legen Sie alte Dachziegel auf den Wurzelraum, um ihn kühl zu halten und Unkräuter zu unterdrücken.

Versorgen Sie Ihre Pflanzen mit Nährstoffen.

Eine »Mulchschicht« aus Dachziegeln hält den Wurzelraum feucht.

Rosen

Schnitt

- Entfernen Sie alte Blütentriebe an Schlingrosen, sobald sie verblüht sind.
- Schneiden Sie aus der Reihe tanzende Triebe ab, falls sie sich nicht an die Kletterhilfe binden lassen.

Pflanzung

- In Töpfen gezogene Rosen können auch im Frühsommer noch ausgepflanzt werden, sofern es nicht zu trocken ist oder eine Hitzeperiode ansteht.

Wässern und Düngen

- Regelmäßiges Gießen gewährleistet gute Blüte.
- Verabreichen Sie weiterhin einen Flüssigdünger.

Vermehrung

- Nehmen Sie halbausgereifte Stecklinge ab.

Schädlinge und Krankheiten

- Zupfen Sie kranke Blätter ab oder behandeln Sie die Pflanze mit einem geeigneten Breitbandfungizid.
- Blattläuse werden mit einem Präparat bekämpft oder von Hand entfernt.

Allgemeine Pflege

- Mulchen Sie die Basis, um die Pflanzen mit Nährstoffen zu versorgen, die Verdunstung von Bodenfeuchtigkeit zu verringern und Unkräuter zu unterdrücken.
- Entfernen Sie welke Blüten.

Das Abzwicken welken Flors verlängert die Blüte.

Andere mehrjährige Kletterer

Schnitt

- Entfernen Sie verletzte Triebe.
- Auch zu schwere oder zu lange Triebe sollten herausgenommen werden.
- Schneiden Sie die Triebe von Wisterien bis auf sechs Knospen zurück.

Pflanzung

- Topfpflanzen können auch jetzt noch ins Freiland umgesetzt werden, falls es nicht zu heiß und zu trocken ist.

Wässern und Düngen

- Halten Sie den Wurzelraum stets feucht.
- Versorgen Sie die Pflanzen über einen Flüssigdünger oder ein Düngergranulat mit Nährstoffen. Halten Sie sich stets an die Empfehlungen des Herstellers.

Vermehrung

- Von Kletterern wie *Pileostegia*, *Schisandra* oder *Trachelospermum* können jetzt halbausgereifte Stecklinge abgenommen werden.

Schädlinge und Krankheiten

- Spritzen Sie gegen Blattläuse oder zerdrücken Sie sie.
- Mehltau und andere Pilzinfektionen müssen umgehend bekämpft werden.
- Kleinere befallene Pflanzenteile bzw. kranke Blätter und Triebe werden abgeschnitten.

Der Sommerschnitt von Wisterien erfolgt mit einer sauberen Schere.

Die Pflanzen im Porträt

Im folgenden Verzeichnis finden Sie einige der schönsten Kletterpflanzen für Ihren Garten. Um Ihnen die Auswahl zu erleichtern, ist es unterteilt in Clematis, andere Kletterer und Rosen.

Erklärung der Symbole

🏆 Besonders empfehlenswerte Pflanze (ausgezeichnet mit dem Award of Garden Merit der Royal Horticultural Society)

Bevorzugtes Substrat

- ◊ Gut durchlässige Böden
- ◊ Feuchte Böden
- ◊ Nasse Böden

Bevorzugte Lichtverhältnisse, Lage

- ☼ Volle Sonne
- ☼ Halbschatten
- ☼ Vollschatten

Frosthärte

- ❄❄❄ Völlig winterhart
- ❄❄ Winterhart. Übersteht in mildem Klima oder an geschützten Standorten den Winter im Freiland.
- ❄ Bedingt winterhart. Muss in der Regel unter Glas überwintert werden.
- ❀ Frostempfindlich. Verträgt keinen Frost.

Clematis (Ab–Di)

Clematis 'Abundance'

Diese Sorte der Italienischen Waldrebe (*C. viticella*) trägt von Juli bis September kleine, rosarote Blüten. Die Blüten haben cremefarbene Staubbeutel. Ideal zum Beranken von Sträuchern. Im Frühjahr alle Triebe bis zum Boden zurückschneiden.

H: 3 m, Gruppe 3

❄❄❄ ○ ◑ ☼ ◐ 🏆

Clematis 'Alba Luxurians'

Eine Sorte von *C. viticella* mit graugrünem Laub und kleinen, weißen Blüten. Blütenblätter mit grünlichen Spitzen. Blüht von Juli bis September. Wird am besten durch Bäume und Sträucher gezogen. Im Frühjahr alle Triebe bis zum Boden zurückschneiden.

H: 4 m, Gruppe 3

❄❄❄ ○ ◑ ☼ ◐ 🏆

Clematis alpina 'Willy'

Diese auch als *C.* 'Willy' bekannte Alpen-Waldrebe blüht im April und Mai. Ihre kleinen, blass rosafarbenen Blüten haben in Büscheln stehende, cremefarbene Staubbeutel. Der Blüte folgen flaumige Samenstände. Falls nötig, ausdünnen.

H: 2–3 m, Gruppe 1

❄❄❄ ○ ◑ ☼ ◐

Clematis 'Arabella'

Diese nicht selbstständig rankende Sorte mit kleinen, violettblauen Blüten, die von Juli bis September erscheinen, kann man durch eine Mischrabatte kriechen lassen. Im Frühjahr den vorjährigen Wuchs bis knapp über dem Boden zurückschneiden.

H: 2 m, Gruppe 3

❄❄ ○ ◑ ☼ 🏆

Clematis armandii

Kaum ein Kletterer hält mit der Blühfreude der wüchsigen, immergrünen Armand-Waldrebe mit. Im Mai öffnen sich unzählige kleine, weiße, duftende Blüten. Sie rankt sich durch Bäume und bedeckt im Nu Schuppen und Mauern.

H: 3–5 m, Gruppe 1

❄❄ ○ ◑ ☼ ◐

Clematis 'Barbara Jackman'

Diese von Mai bis Juni blühende, sommergrüne Hybride trägt ungefüllte, malvenfarbene Blüten mit dunklerem Mittelstreifen. Die mittelgrünen Blätter bestehen aus je drei Blättchen. Im Spätwinter oder zeitigen Frühjahr nur leicht stutzen.

H: 2,5–3 m, Gruppe 2

❄❄❄ ○ ◑ ☼ ◐

Clematis 'Bees' Jubilee'
Eine ideale Kübelpflanze ist diese sommergrüne, kompakte Hybride. Sie öffnet im Mai und Juni große, ungefüllte, hell rosafarbene Blüten mit dunklerem Mittelstreifen auf jedem Kronblatt. Im Spätwinter oder zeitigen Frühjahr nur leicht stutzen.

H: 2,5 m, Gruppe 2
❄❄❄ ○ ● ◐

Clematis 'Bill MacKenzie'
Diese wüchsige Sorte trägt im Spätsommer kleine, ungefüllte, kräftig gelb blühende, glockenförmige Blüten mit dicken, fast wächsernen Blütenblättern. Große, dekorative Fruchtschöpfe folgen. Im zeitigen Frühjahr alle Triebe bis zum Boden abschneiden

H: 7 m, Gruppe 3
❄❄❄ ○ ● ☼ ◐ 🏆

Clematis 'Blue Ravine'
Eine großblumige Hybride mit lilablauen, am Rand gewellten Blütenblättern, die einen dunkleren Mittelstreifen tragen. Hauptblüte von Juni bis Juli, Nachblüte im August. Im Spätwinter oder zeitigen Frühjahr leicht stutzen.

H: 2,5–3 m, Gruppe 2
❄❄❄ ○ ● ☼ ◐

Clematis cirrhosa
Diese Art erfreut den Gärtner von Januar bis März mit cremefarbenen, glockenförmigen Blüten. Das Laub von *C. cirrhosa* 'Wisley Cream' ist bronzefarben, während *C. cirrhosa* 'Freckles' auf der Innenseite der Blüten kastanienrote Flecken aufweist.

H: 2,5–3 m, Gruppe 1
❄❄ ○ ● ☼ ◐

Clematis 'Comtesse de Bouchaud'
Diese verlässliche alte Sorte trägt von Juli bis September kleine, ungefüllte, rein rosafarbene Blüten. Die auffälligen Blütenblätter sind an der Spitze etwas zurückgebogen. Im zeitigen Frühjahr bis zum Boden zurückschneiden.

H: 2–3 m, Gruppe 3
❄❄❄ ○ ● ☼ ◐ 🏆

Clematis x *diversifolia*
Im Sommer und Herbst erscheinen kleine, glockenförmige, blaupurpurfarbene Blüten. Die nichtrankenden Triebe werden am besten durch Sträucher oder kleine Bäume geführt. Im zeitigen Frühjahr bis zum Boden zurückschneiden.

H: 2,5 m, Gruppe 3
❄❄❄ ○ ● ☼ ◐

Clematis (Do–He)

Clematis 'Dr. Ruppel'

Diese sommergrüne, großblumige Sorte blüht von Mai bis Juni mit einer Nachblüte im September und kommt besonders an einer Pergola zur Geltung. Die karminrosafarbenen Blüten mit dunklem Mittelstreifen werden zum Rand hin heller.

H: 2,5 m, Gruppe 2
❄❄❄ ○ ◑ ☼ ◐

Clematis 'Duchess of Albany'

Von Juli bis Oktober öffnet diese sommergrüne, tulpenblütige Sorte von *C. texensis* kleine, tief rosarote Blüten mit dunklem Mittelstreifen. Sie entfalten besonders vor immergrünen Sträuchern ihre Wirkung. Im zeitigen Frühjahr bis zum Boden zurückschneiden.

H: 2,5 m, Gruppe 3
❄❄❄ ○ ◑ ☼ ◐

Clematis 'Duchess of Edinburgh'

Eine gefüllte Hybride mit reinweißen Blüten und gelben Staubbeuteln, die im Mai und Juni und nochmals im August und September blüht. Erste Blüte oft mit grünlichen äußeren Blütenblättern, Nachblüte ungefüllt. Im Spätwinter leicht stutzen.

H: 2,5 m, Gruppe 2
❄❄❄ ○ ◑ ☼ ◐

Clematis x *durandii*

Diese Hybride ist ein Spreizklimmer mit kleinen, ungefüllten, blauvioletten Blüten, aus denen in der Mitte ein Büschel goldgelber Staubbeutel herausragt. Sie blüht von Juni bis September. Im zeitigen Frühjahr bis zum Boden zurückschneiden.

H: 1–2 m, Gruppe 3
❄❄ ○ ◑ ☼ ◐ 🏆

Clematis 'Elizabeth'

Diese wüchsige Berg-Waldrebe (*C. montana*) überwuchert eine Kletterhilfe in kurzer Zeit. Sie trägt im Mai und Juni unzählige, kleine, zart rosafarbene Blüten mit Vanilleduft. Das sommergrüne Laub ist purpurn getönt. Bei Bedarf leicht nachstutzen.

H: 7 m, Gruppe 1
❄❄❄ ○ ◑ ☼ ◐ 🏆

Clematis 'Etoile Violette'

Eine Sorte von *C. viticella* mit kleinen, tiefvioletten Blüten und gelben Staubbeuteln, die von Juni bis September in Massen erscheinen. Besonders effektvoll vor blassgrünem Laub. Im zeitigen Frühjahr bis zum Boden zurückschneiden.

H: 3–5 m, Gruppe 3
❄❄❄ ○ ◑ ☼ ◐ 🏆

Clematis **'Fireworks'**

Eine Hybride mit kräftigen Blütenfarben. Ihre lang haltenden, großen, magentaroten Blüten mit dunklem Mittelstreifen erscheinen von Mai bis Juni und von August bis September. Eine ideale Kübelpflanze. Im Spätwinter oder zeitigen Frühjahr leicht stutzen.

H: 3 m, Gruppe 2
❄❄❄ ◊ ◐ ◑

Clematis florida var. *sieboldiana*

Die sommer- bis halbimmergrüne Kletterpflanze hat reinweiße Blüten mit purpurroter, gefüllter Mitte. Sie blüht von Juli bis August und kann an einem warmen, geschützten Platz im Kübel wachsen. Im Spätwinter leicht zurückschneiden.

H: 2–2,5 m, Gruppe 2
❄❄ ◊ ◐ ☼ ◑

Clematis **'Frances Rivis'**

Diese Sorte von *C. alpina* trägt im April und Mai graublaue, nickende, glockenförmige Blüten mit weißer Mitte. Besonders attraktiv wirkt sie, wenn sie sich über eine Mauer oder einen Zaun rankt. Aus dem Flor entwickeln sich flaumige Samenstände.

H: 2–3 m, Gruppe 1
❄❄❄ ◊ ◐ ☼ ◑ 🏆

Clematis **'Gillian Blades'**

Von Mai bis Juni und nochmals im September öffnet dieser sommergrüne Kletterer große, reinweiße, ungefüllte Blüten mit gewelltem Rand und cremefarbenen Staubfäden. Das Laub ist mittelgrün. Im Spätwinter oder zeitigen Frühjahr etwas schneiden.

H: 2,5 m, Gruppe 2
❄❄❄ ◊ ◐ ☼ ◑ 🏆

Clematis **'Guernsey Cream'**

Eine relativ früh blühende, großblumige Hybride, die von Mai bis Juni ungefüllte, sahneweiße Blüten trägt. Nachblüte im Spätsommer. Verblasst in der Sonne, in lichtem Schatten ziehen. Im Spätwinter oder zeitigen Frühjahr leicht zurückschneiden.

H: 2,5 m, Gruppe 2
❄❄❄ ◊ ◐ ☼ ◑

Clematis **'Helsingborg'**

Von April bis Mai öffnen sich an dieser *C.-alpina*-Sorte blaupurpurfarbene, nickende, glockenförmige Blüten. Sie eignet sich gut als Kübelpflanze. Im Spätsommer und Herbst ziehen die flaumigen Samenstände die Blicke auf sich.

H: 2–3 m, Gruppe 1
❄❄❄ ◊ ◐ ☼ ◑ 🏆

Clematis (He–Ma)

Clematis 'Henryi'

Diese Hybride ist mit einem Blütendurchmesser von 20 cm die Rekordhalterin unter den Clematis. Ihr reinweißer Flor mit braunen Staubbeuteln auf weißen Staubfäden erscheint von Juni bis Juli sowie im September. Eine ideale Kübelpflanze.

H: 3 m, Gruppe 2

Clematis heracleifolia 'Wyevale'

Die auch als *C. tubulosa* 'Wyevale' klassifizierte Großblättrige Waldrebe ist eine an der Basis verholzende, staudige Clematis mit kleinen, röhrigen, blassblauen Blüten, die sich von August bis Oktober öffnen. Man setzt sie als Bodendecker ein.

H: 75 cm, Gruppe 3

Clematis 'H. F. Young'

Diese kompakte, sommergrüne Clematis trägt glänzende Blätter und öffnet im Mai und Juni große, ungefüllte, blaue Blüten mit gelblicher Mitte. Nachblüte im August. An Rankgittern um eine Tür herum ziehen. Im Spätwinter oder Frühjahr leicht stutzen.

H: 2,5 m, Gruppe 2

Clematis 'Huldine'

Eine besonders wuchskräftige, sommergrüne *Clematis*, ideal zum Begrünen von Wänden oder Zäunen. Von Juni bis Oktober trägt sie zahlreiche kleine, weiße Blüten mit lila Streifen auf der Rückseite. Im zeitigen Frühjahr bis zum Boden zurückschneiden.

H: 3–5 m, Gruppe 3

Clematis 'Imperial'

Eine unprätentiöse, großblumige Sorte, die man in einer Rabatte oder einem Kübel zieht und gern an Pergolen und Pyramiden hochranken lässt. Von Juni bis Juli und im September öffnen sich einfache, hell rosafarbene Blüten mit dunklem Mittelstreifen.

H: 2,5–3 m, Gruppe 2

Clematis integrifolia

Die Ganzblättrige Waldrebe braucht als Spreizklimmer andere Pflanzen »zum Anlehnen«. Von Juni bis September schmückt sie sich mit kleinen, blauvioletten, kreuzförmigen, oft eingerollten Blüten. Aus ihnen entwickeln sich silberbraune Samenstände.

H: 60 cm, Gruppe 3

Clematis 'Jackmanii'

So richtig zur Geltung kommt der auffällige Flor dieser blühfreudigen, wuchskräftigen, großblumigen Clematis als Tür- oder Fensterberankung. Die purpurblauen Blüten erscheinen von Juni bis September. Im Frühjahr bis zum Boden zurückschneiden.

H: 3 m, Gruppe 3
❄❄❄ ○ ◑ ☼ ◐ 🏆

Clematis 'Josephine'

Die gefüllt blühende Sorte trägt im Mai und Juni pomponartige und im August und September flachere, lilarosafarbene Blüten. Im Schatten nehmen die Blüten einen grünlichen Ton an. Gute Kübelpflanze. Im Spätwinter oder zeitigen Frühjahr leicht nachstutzen.

H: 2,5 m, Gruppe 2
❄❄❄ ○ ◑ ☼ 🏆

Clematis koreana

Die koreanische Waldrebe trägt von Juni bis August nickende, purpurfarbene Blüten, die sich innen und an den Rändern gelb färben. *C. koreana* var. *lutea* ist eine gelbblütige Auslese. Rückschnitt ist nicht nötig, doch kann die Pflanze ausgelichtet werden.

H: 4 m, Gruppe 1
❄❄❄ ○ ◑ ☼ ◐

Clematis 'Lady Londesborough'

Die großen, zartlila, zu Silbrigblau verblühenden Blüten dieser Clematis zeigen sich vor Pflanzen mit dunklem Laub in ihrem besten Licht. Die Blüten erscheinen von Mai bis Juni. Im Spätwinter oder zeitigen Frühjahr leicht zurückschneiden.

H: 2 m, Gruppe 2
❄❄❄ ○ ◑ ☼ ◐

Clematis 'Lasurstern'

Diese blühfreudige, sommergrüne Clematis trägt von Mai bis Juni und August bis Oktober große, tief lavendelblaue Blüten. Die schönste Blütenfarbe entwickelt sich im Halbschatten. Im Spätwinter oder zeitigen Frühjahr leicht zurückschneiden.

H: 2,5 m, Gruppe 2
❄❄❄ ○ ◑ ☼ ◐ 🏆

Clematis macropetala

Die Großblumige Waldrebe schmückt sich von Mai bis Juni mit kleinen, langglockigen, halbgefüllten, blauvioletten Blüten, die zu silbernen Balgfrüchten heranreifen. Ggf. eng stehende Triebe auslichten.

H: 2–3 m, Gruppe 1
❄❄❄ ○ ◑ ☼ ◐

Clematis (Ma–Om)

***Clematis* 'Madame Julia Correvon'**
Diese Sorte von *C. viticella* erfreut mit einer langen Blütezeit von Juni bis Oktober. Sie hat kleine, weinrote Blüten, die mit ihren leicht gedrehten Kelchblättern an winzige Propeller erinnern. Im zeitigen Frühjahr bis zum Boden zurückschneiden.

H: 3 m, Gruppe 3

***Clematis* 'Marie Boisselot'**
Dieser verlässliche Kletterer trägt von Mai bis Juni und im September große, ungefüllte, reinweiße Blüten. Eine gute Wahl für die Begrünung eines Laubengangs oder schmiedeeisernen Zauns. Im Spätwinter oder zeitigen Frühjahr leicht nachstutzen.

H: 3 m, Gruppe 2

***Clematis* 'Markham's Pink'**
Eine wuchskräftige und blühfreudige Sorte von *C. macropetala*, deren dunkel rosafarbene, halbgefüllte Blüten sich von April bis Mai entfalten. Eine Kletterschönheit, die man am besten an ein Rankgitter setzt oder durch Sträucher und kleine Bäume zieht.

H: 2–3 m, Gruppe 1

***Clematis* 'Minuet'**
Dieser auffällige, kleinblumige Kletterer hat ungefüllte, weiße Blüten mit rosafarbener Aderung und rosafarbenen Kelchblattspitzen. Er ist der ideale Partner für Sträucher und kleine Bäume. Im zeitigen Frühjahr alle Triebe bis zum Boden zurückschneiden.

H: 3 m, Gruppe 3

***Clematis* 'Miss Bateman'**
Große, ungefüllte, weiße Blüten mit cremefarbenem Mittelstreifen und roten Staubbeuteln erscheinen im Mai und Juni sowie September. Als Kübelpflanze oder an einem Rankgitter ziehen. Im Spätwinter oder zeitigen Frühjahr leicht zurückschneiden.

H: 2,5 m, Gruppe 2

Clematis montana* var. *grandiflora
Diese äußerst wuchskräftige, sommergrüne Clematis erklimmt eine Kletterhilfe sehr schnell. Im Mai und Juni öffnet sie zahlreiche große, weiße Blüten vor dunkelgrünem Laub. Sie braucht keinen Schnitt, kann aber bei Bedarf ausgedünnt werden.

H: 10 m, Gruppe 1

Clematis montana var. ***rubens***
Im Mai und Juni trägt diese äußerst wuchskräftige Clematis unzählige, rosafarbene Blüten mit cremefarbenen Staubbeuteln. Man setzt sie zum Begrünen eines Nebengebäudes ein oder lässt sie an einem Baum hochklettern. Bei Bedarf Triebe ausdünnen.

H: 5 m, Gruppe 1
❄❄❄ ○ ● ☼ ◐

Clematis montana var. ***rubens* 'Tetrarose'**
Eine sehr starkwüchsige, sommergrüne Clematis, die im Mai und Juni blüht. Sie hat bronzefarbene Blätter und kleine, rosafarbene Blüten mit gelben Staubbeuteln. Rückschnitt ist nicht nötig.

H: 10 m, Gruppe 1
❄❄❄ ○ ● ☼ ◐

***Clematis* 'Mrs. George Jackman'**
Im Mai und Juni und ein zweites Mal im September wartet diese sommergrüne Sorte mit großen, halbgefüllten, cremeweißen Blüten auf, deren Kelchblätter jeweils einen cremefarbenen Streifen tragen. Man zieht sie in einem Gefäß mit hoher Stütze.

H: 2,5 m, Gruppe 2
❄❄❄ ○ ● ☼ ◐ 🏆

***Clematis* 'Nelly Moser'**
Das große Plus dieser Züchtung sind die großen, ungefüllten, weißen, rosa überlaufenen Blüten. Sie blüht im Mai und Juni sowie von August bis Oktober und braucht einen schattigen Platz, da die Blüten sonst verblassen. Im Spätwinter und Frühjahr leicht stutzen.

H: 2–3 m, Gruppe 2
❄❄❄ ○ ● ◐ 🏆

***Clematis* 'Niobe'**
Eine kompakte Sorte, die von Juni bis August große, ungefüllte, tiefrote Blüten mit gelben Staubblättern trägt. Man zieht sie am besten im Gefäß auf einer Veranda oder lässt sie durch eine Strauchrabatte klettern. Im März wird sie etwas zurückgestutzt.

H: 2–3 m, Gruppe 2
❄❄❄ ○ ● ☼ ◐ 🏆

***Clematis* 'Omoshiro'**
Ein echter Hingucker mit großen, rosaweißen, purpurrosa gerandeten Blüten, die sich im Frühsommer öffnen. Sie setzt sich besonders vor einem dunkleren Hintergrund sehr schön in Szene. Im März und April leicht schneiden.

H: 2–2,5 m, Gruppe 2
❄❄❄ ○ ● ☼ ◐

Clematis (Pe–Ro)

Clematis 'Perle d'Azur'

Diese wegen ihrer unzähligen, kleinen, purpurblauen bis hell azurblauen Blüten beliebte, wuchskräftige Clematis blüht von Juni bis August und noch einmal im Oktober. Alle Triebe werden im zeitigen Frühjahr bis zum Boden zurückgeschnitten.

H: 3 m, Gruppe 3

Clematis 'Plum Beauty'

Ideal für ein Gefäß auf einer Terrasse. Die purpurroten, nickenden, glockenförmigen Blüten mit blaulila Rand öffnen sich im Mai und Juni. Aus ihnen entwickeln sich dekorative, gelbe Samenstände. Ggf. etwas auslichten.

H: 3 m, Gruppe 1

Clematis 'Polish Spirit'

Ein wuchskräftiger Kletterer mit kleinen, ungefüllten, kastanienbraunen Blüten, die vom Hochsommer bis zum Spätherbst begeistern. Man zieht sie durch Bäume und Sträucher, wo sie zum Ausklang der Saison noch Farbe in den Garten bringen.

H: 5 m, Gruppe 3

Clematis 'Prince Charles'

Ideal für kleine Gärten. Diese Sorte trägt von Juli bis September große purpurblaue, halbgefüllte Blüten mit Büscheln gelber Staubbeutel. Die Farbe variiert je nach Lichtintensität. Im zeitigen Frühjahr alle Triebe bis zum Boden zurückschneiden.

H: 2–2,5 m, Gruppe 3

Clematis 'Princess Alexandra'

Ein auffälliger, sommergrüner Kletterer mit gelben Staubblättern und großen, rosafarbenen Blüten, die mit einem blasseren Mittelstreifen gezeichnet sind. Er trägt im Frühsommer und ein zweites Mal im Spätsommer Flor. Im März bzw. April leicht zurückschneiden.

H: 2–2,5 m, Gruppe 2

Clematis 'Purpurea Plena Elegans'

Die beliebte, sommergrüne Züchtung blüht von Juli bis September. Ihre zahlreichen, gefüllten, purpurblauen, bis zu 8 cm großen Blüten werden von dem sommergrünen Laub unterstrichen. Im Frühjahr schneidet man alle Triebe bis zum Boden zurück.

H: 3 m, Gruppe 3

Clematis recta

Die Aufrechte Waldrebe lockt Schwebfliegen und Schmetterlinge an. Ihre winzigen, sternförmigen, stark duftenden, weißen Blüten öffnen sich vom Hochsommer bis in den Herbst hinein. Für einen Stab bzw. eine benachbarte Pflanze als Stütze ist sie dankbar.

H: 1–2 m, Gruppe 3

Clematis rehderiana

Erkennungsmerkmal der Rehder-Waldrebe sind die nickenden, cremegelben Glockenblüten mit Schlüsselblumenduft, die von August bis in den Spätherbst hinein erscheinen. Zum Frühjahrsanfang nimmt man sämtliche Triebe bis zur Basis zurück.

H: 6–7 m, Gruppe 3

Clematis **'Richard Pennell'**

Eine großblumige Form mit ungefüllten, tief purpurroten, leicht gekräuselten Blüten, deren gelbe Staubblätter ins Auge fallen. Beste Wirkung erzielt man mit ihr an einem Rankgitter oder einer Laube. Im März oder April leicht schneiden.

H: 2–3 m, Gruppe 2

Clematis **'Rosy O'Grady'**

Eine *C.-alpina*-Züchtung mit halbgefüllten, rosalila bis hell rosafarbenen, offenen, glockenförmigen Blüten, die sich im Frühjahr und ein zweites Mal im Sommer bis in den Herbst hinein zeigen. Man lässt sie an einem Pfosten in einer Rabatte hochwachsen.

H: 2,5–5 m, Gruppe 1

Clematis **'Rosy Pagoda'**

Eine *C.-alpina*-Sorte. Ihre offenen, glockenförmigen, rosafarbenen Blüten mit cremeweißer Mitte erscheinen in der zweiten Frühjahrshälfte. Die bauschigen Samenstände sind ein dekorativer Herbstschmuck für den Garten.

H: 2,5–5 m, Gruppe 1

Clematis **'Rouge Cardinal'**

Eine großblumige Züchtung mit ungefüllten, samtig karminroten Blüten, aus denen rötlich braune Staubblätter herausragen. Sie blüht im Hochsommer, braucht aber einen sonnigen Standort und eine Stütze, etwa in Form eines Rankgitters.

H: 2–3 m, Gruppe 3

Clematis (Ro–Wi)

Clematis **'Royalty'**
Im Frühsommer trägt diese kompakte Clematis große, halbgefüllte, blaulila Blüten mit einem Bündel gelber Staubgefäße in der Mitte. Der zweite Flor im Spätsommer ist kleiner und ungefüllt. Im März oder April leicht zurückschneiden.

H: 2 m, Gruppe 2
❄❄❄ ○ ◐ ☼ ◑ 🏆

Clematis **'Rüütel'**
Ihre großen, tief purpurroten Blüten mit rotbraunen Staubgefäßen haben einen Durchmesser von bis zu 20 cm und erscheinen von Juli bis September. Der Mittelstreifen auf den Blütenblättern ist etwas dunkler. Im März oder April leicht stutzen.

H: 3 m, Gruppe 2
❄❄❄ ○ ◐ ☼ ◑

Clematis tangutica
Die ausgesprochen wuchskräftige Mongolische Waldrebe reckt dem Betrachter ihre reingelben Blüten vom Hochsommer bis weit in den Herbst hinein entgegen. Ihre weichen Samenstände sind ebenfalls recht dekorativ und erscheinen während der Blüte.

H: 5–6 m, Gruppe 3
❄❄❄ ○ ◐ ☼ ◑

Clematis **'The President'**
Eine bewährte alte Sorte mit großen, ungefüllten, violetten Blütenblättern und roten Staubblättern. Sie blüht im Sommer reichlich und wird gern an einem Rankgitter, vor einer Mauer oder im Topf gezogen. Im März oder April schneidet man sie etwas zurück.

H: 2–3 m, Gruppe 2
❄❄❄ ○ ◐ ☼ ◑ 🏆

Clematis **x** ***triternata*** **'Rubromarginata'**
Die wuchskräftige Sorte öffnet kleine, sternförmige Blüten mit einem Büschel gelber Staubgefäße. Sie blüht von August bis September. Im zeitigen Frühjahr kappt man sämtliche Triebe knapp über der Basis.

H: 3–6 m, Gruppe 3
❄❄❄ ○ ◐ ☼ ◑ 🏆

Clematis **'Venosa Violacea'**
Die kleinen, ungefüllten, purpurfarbenen Blüten mit weißem, nach außen spitz zulaufendem Band auf den Blütenblättern und dunklem Auge erfreuen bis in den Spätherbst hinein. Die Sorte wird im März oder April bis zur Basis zurückgeschnitten.

H: 3 m, Gruppe 3
❄❄❄ ○ ◐ ☼ ◑ 🏆

Clematis 'Veronica's Choice'

Die große Stunde dieser Sorte schlägt im Frühsommer und noch einmal im September, wenn sich die hell lilablauen, halbgefüllten Blüten zeigen. Aus der Mitte jedes Tellers ragt ein Büschel cremegelber Staubblätter. Der zweite Flor erbringt nur ungefüllte Blüten.

H: 2,5 m, Gruppe 2

Clematis 'Ville de Lyon'

Mit ihren großen, karminroten, ungefüllten Blüten verschönt diese Sorte jeden Garten – manchmal gleich von Juni bis September. Über der Basis ist sie allerdings manchmal recht spärlich beblättert. Im zeitigen Frühjahr bis zum Boden zurückschneiden.

H: 2–3 m, Gruppe 3

Clematis 'Vyvyan Pennell'

Eine ideale Laub abwerfende Clematis für Töpfe, Rankgitter, Stangenzelte oder Pfosten. Sie trägt mittelgrünes Laub und hübsche große, gefüllte lila Blüten, die im Mai und Juni und noch einmal im September erscheinen; der zweite Flor fällt heller aus.

H: 2–3 m, Gruppe 2

Clematis 'W. E. Gladstone'

Diese Sorte zeichnet sich durch riesige, purpurfarbene Blüten mit überlappenden Blütenblättern aus, die einen rundlichen Teller bilden. Auffallend das Auge aus dunkelroten Staubgefäßen. Die Pflanze braucht eine stabile Stütze.

H: 3 m, Gruppe 2

Clematis 'White Swan'

Eine kompakte Sorte des *C.-macropetala*-Komplexes. Sie trägt gefüllte, glockenförmige, weiße Blüten mit blass grüngelber Mitte und blüht im Frühjahr und Frühsommer. Man setzt sie gern neben dunkellaubige Pflanzen, um die Blütenfarbe zu betonen.

H: 5 m, Gruppe 1

Clematis 'William Kennett'

Im Juni und Juli öffnet 'William Kennett' purpurblaue, ungefüllte Blüten mit dunkelroten Staubblättern. Man pflanzt diesen wuchskräftigen Kletterer in eine Rabatte, wo er durch Sträucher hindurchwachsen kann. Im März oder April leicht stutzen.

H: 2–3 m, Gruppe 2

Andere Kletterer (Ac–Co)

Actinidia deliciosa

Dieser wuchskräftige, sommergrüne Kletterer, Kiwifrucht genannt, wird meist wegen seiner rundlichen Blätter und der rötlichen, behaarten Triebe gezogen. In wärmeren Klimazonen setzen weibliche Pflanzen sogar Früchte an.

H: 10 m
❄❄ 💧 ☼ ◐

Actinidia kolomikta

Der Kolomikta-Strahlengriffel ist ein sommergrüner Schlinger mit einer dichten Masse purpurn getönter Blätter, die sich im Frühsommer dunkelgrün mit merklicher rosafarbener und weißer Panaschierung färben. Er trägt kleine, zart duftende Blütenbüschel.

H: 5 m und mehr
❄❄❄ 💧 ☼ 🏆

Akebia quinata

Die Fingerblättrige Akebie, auch Blaugurkenwein oder Klettergurke genannt, zeichnet sich durch kräftige, windende Triebe aus. Im Frühjahr erscheinen mit den mittelgrünen Blättern purpurfarbene weibliche und kleinere männliche Blüten mit würzigem Duft.

H: 10 m
❄❄❄ 💧 💧 ☼ ◐

Akebia trifoliata

Ein sommergrüner, windender Kletterer, der sich für ein stabiles Rankgitter vor einer sonnigen bis halbschattigen Wand mit üppig grünem Laub vom Frühjahr bis zum Herbst bedankt. Die hängenden Blüten der Kleeblättrigen Akebie erscheinen im Frühjahr.

H: 10 m
❄❄❄ 💧 💧 ☼ ◐ 🏆

Ampelopsis brevipedunculata

Die Ussuri-Scheinrebe ist ein wüchsiger Kletterer mit dreilappigen, mittelgrünen Blättern. Ihre grünen Blüten öffnen sich im Juli und August und sind recht unscheinbar, doch entwickeln sich aus ihnen wunderschöne, porzellanblaue Beeren.

H: 5 m
❄❄❄ 💧 💧 ☼ ◐

Berberidopsis corralina

Ein immergrüner Gast aus Chile ist diese Pflanze. Ihre rundlichen Blätter mit stacheligem Rand sind oberseits sattgrün und unterseits weiß gefärbt. Im Sommer erscheinen rote Blüten, die wie winzige Beeren aussehen. Muss gestützt werden.

H: 5 m
❄❄ 💧 ◐

Billardiera longiflora
Zarte, grünlich gelbe, hängende Blüten sind das auffallendste Merkmal dieses immergrünen Kletterers. Sie öffnen sich im Sommer und werden von glänzenden, meist purpurblauen, manchmal aber auch roten, rosafarbenen oder weißen Beeren abgelöst.

H: bis 3 m

Campsis x *tagliabuana*
Ein wüchsiger, sommergrüner Kletterer. Bei der Sorte *C.* × *tagliabuana* 'Madame Galen' 🏆 gesellen sich zum sattgrünen Laub im Spätsommer orangerote Trompetenblüten hinzu. Die Hybride wird am besten vor einer sonnenbeschienenen Wand gezogen.

H: 10 m

Celastrus orbiculatus
Der Baumwürger, ein sommergrüner Strauch, klettert mithilfe holziger Triebe. Seine rundlichen, gezähnten, mittelgrünen Blätter färben sich im Herbst satt goldgelb. Im Sommer folgen auf die kleinen, grünen Blüten winzige, gelbe Früchte.

H: 14 m

Celastrus scandens
Wie sein Vetter *C. orbiculatus* ein wüchsiger, sommergrüner Strauch. Er trägt rundliche, mittelgrüne Blätter mit goldgelber Herbstfärbung. Man zieht ihn durch große Bäume und lässt ihn an einer Wand oder Pergola hochklettern.

H: 10 m

Cobaea scandens
Die Glockenrebe ist zwar eine immergrüne Staude, wird aber meist einjährig gezogen. Ihre großen, duftenden, glockenförmigen Blüten mit den typischen »Tellern« sind erst grünlich weiß gefärbt, später violett und bilden einen schönen Kontrast zum Laub.

H: 10–20 m

Codonopsis convolvulacea
Bläulich violette Glockenblüten zieren die windenden Triebe dieser kletternden Staude im Sommer. Man sollte ihr Stäbe als Stütze und einen geschützten Standort bieten. Braucht in kalten Gegenden eine dicke Mulchschicht als Winterschutz.

H: 2 m

Andere Kletterer (Di–Ip)

Dicentra scandens
Ein einjähriger Kletterer, der seine trompetenförmigen Blüten den ganzen Sommer über trägt. Man zieht ihn an einem Stangenzelt aus Bambusstäben, einem Metallobelisken oder einem Rankgitter. Wenn er im Sommer blühen soll, sät man ihn im Frühjahr aus.

H: 2,5 m
❄❄❄ 💧 ☼

Eccremocarpus scaber
Nicht umsonst heißt dieser immergrüne, mehrjährige, schnellwüchsige Kletterer Schönranke: Er eignet sich hervorragend zur Begrünung eines Stangenzelts oder eines an die Wand montierten Rankgitters. Seine geteilten Blätter erinnern an Farnwedel.

H: 2–5 m
❄❄ 💧 ☼

Fallopia baldschuanica
Der sehr wuchskräftige, windende, sommergrüne Schling-Flügelknöterich ist der Sprinter unter den Kletterpflanzen. Er braucht eine kräftige Stütze für seine holzigen Triebe, die dicht mit winzigen, weißen Blüten übersät sind. Blütezeit: Sommer und Herbst.

H: 12 m
❄❄❄ 💧 ☼ ◑

Ficus pumila
Die kälteempfindliche, immergrüne Kletter-Feige hält sich mit selbsthaftenden Lufwurzeln fest und braucht daher keine zusätzliche Stütze. Im Winter muss sie nach drinnen gebracht werden. Die Sorte 'Variegata' trägt weiß gerandetes Laub.

H: 3–5 m und mehr
❄ 💧 💧 ☼ ◑ 🏆

Hardenbergia violacea
Ein starkwüchsiger Kletterer mit ledrigem, sattgrünem Laub und Trauben aus violetten Schmetterlingsblüten. Er wird am besten als kurzlebige Staude gezogen und braucht im Freiland einen sonnigen Standort. Im Winter stellt man ihn unter Glas.

H: 2 m und mehr
❄ 💧 ☼ ◑ 🏆

***Hedera canariensis* 'Ravensholst'**
Der Kanarische Efeu stammt, wie der Name sagt, von den Kanaren, kommt aber auch in Nordafrika vor. Die fast dreieckigen, glänzend grünen Blätter dieses wüchsigen, immergrünen Gehölzes werden bis zu 14 cm lang. Er hält sich mit Luftwurzeln fest.

H: 5 m
❄❄ 💧 ☼ ◑ 🏆

Hedera helix 'Glacier'
Diese Sorte des Gewöhnlichen Efeus trägt kleine, dreieckige Blätter mit silbergrauer, cremefarbener Zeichnung. Mit ihr lässt sich eine Mauer oder die Wand eines Gartenschuppens das ganze Jahr über dekorativ begrünen.

H: 10 m
❄❄❄ 💧 ☼ ◑ 🏆

Hedera hibernica
Der Irische Efeu ist ein wuchskräftiger Kletterer mit glänzend grünem, dreieckigem Laub. Hat er einmal die Spitze einer Stütze erreicht, bilden sich nichtkletternde Triebe mit ungelappten Blättern, später auch Blüten und schwarze Beeren.

H: 10 m
❄❄❄ 💧 ☼ ◑ 🏆

Holboellia coriacea
Ein wüchsiger, immergrüner, windender Gast aus China. Nach sehr heißen Sommern bilden sich manchmal wurstförmige Früchte. Man zieht diesen nicht ganz winterharten Kletterer an waagerechten, vor einer Wand gespannten Drähten.

H: 7 m
❄❄ 💧 ☼ ◑

Humulus lupulus
Der Gewöhnliche Hopfen ist eine Staude mit windenden, brüchigen Trieben und hellgrünen, tief gelappten und am Rand gezähnten Blättern. Die Sorte 'Aureus' (🏆, Gold-Hopfen) trägt goldgelbes Laub. Im Sommer werden die Blüten bzw. Zapfen strohhell.

H: 6 m
❄❄❄ 💧 💧 ☼ ◑

Hydrangea anomala subsp. *petiolaris*
Die Unterart der Kletter-Hortensie lockt mit breiten, runden, mittelgrünen Blättern und großen, offenen Blütenständen aus cremeweißen Blüten, die sich im Sommer öffnen. Junge Exemplare dieses wuchskräftigen Gehölzes brauchen anfangs eine Stütze.

H: 15 m
❄❄❄ 💧 💧 ☼ ◑ 🏆

Ipomoea
Die Prunkwinde *I. tricolor* 'Heavenly Blue' zeichnet sich durch blaue Trompetenblüten, *I. purpurea* durch purpurfarbenen, weißen oder gestreiften Flor aus. *I. lobata* trägt rote Röhrenblüten, die zu Weiß verblassen. Man zieht Prunkwinden jährlich neu aus Samen.

H: 3–5 m
❀ 💧 ☼

Andere Kletterer (Ja–Pa)

Jasminum officinale
Der Echte Jasmin macht durch farnartiges Laub und stark duftende, weiße Blüten auf sich aufmerksam. In kalten Wintern kann er zurückfrieren, treibt jedoch im Frühjahr aus der Basis wieder neu aus. 'Argenteovariegatum' 🏆 trägt panaschiertes Laub.

H: 12 m
❄❄ 💧 ☼ ◑ 🏆

Lapageria rosea
Die Chilenische Wachsglocke ist ein windender, immergrüner Kletterer, der vom Hochsommer bis in den Herbst hinein blüht. Seine rosaroten, wachsartigen, trompetenförmigen Blüten mit leichtem Mal am Schlund stehen einzeln, zu zweit oder zu dritt.

H: 5 m
❄❄ 💧 💧 ◑ 🏆

Lathyrus grandiflorus
Eine Staude mit mittelgrünen Blättern und Trauben aus purpurfarbenen oder roten Blüten, die sich im Sommer öffnen und nicht so stark duften wie die von *L. odoratus*. Ihre Ranken halten sich an Stäben, Rankgittern und ähnlichen Stützen fest.

H: 1,5 m
❄❄❄ 💧 ☼ ◑

Lathyrus latifolius
Die Breitblättrige Platterbse trägt im Juli und August bis zu elf purpurrosafarbene Blüten pro Blütenstängel. Ihr Laub ist bläulich grün gefärbt. Sie muss gestützt werden, um ihre volle Höhe zu erreichen. 'White Pearl' 🏆 trägt weiße, 'Rosa Perle' 🏆 rosafarbene Blüten.

H: 2 m
❄❄❄ 💧 ☼ ◑ 🏆

Lathyrus odoratus
Mit ihren Ranken erklimmt die beliebte Duft-Wicke so ziemlich jede Stütze. Im Handel sind zahlreiche Sorten mit Blüten in einer Vielzahl von Farbnuancen erhältlich. Vor allem die Züchtungen mit schwerem Duft werden gern auch als Schnittblumen genutzt.

H: bis 2 m
❄❄❄ 💧 ☼ ◑

Lonicera x *heckrottii*
Die Duft- oder Heckrott-Heckenkirsche wächst sommergrün, in wintermilden Gegenden auch halbimmergrün. Sie trägt den ganzen Sommer über duftende, rosafarbene Blüten mit orangegelbem Schlund. Man zieht die Hybride an einer stabilen Stütze.

H: 5 m
❄❄❄ 💧 💧 ☼ ◑

Lonicera periclymenum 'Graham Thomas'

Diese Sorte des Wald-Geißblatts erfreut mit ihren duftenden, weißen Blüten, die im Lauf der Zeit gelb werden, sodass ein Exemplar Flor in zwei Farben trägt. Man zieht sie an einer Pergola oder einem alten Baum.

H: 7 m

Lonicera periclymenum 'Serotina'

Diese wuchskräftige, stark duftende Züchtung erstürmt im Nu Sträucher und Bäume, Bögen und Pergolen. Im Frühjahr begeistert ihr üppiges Laub, während die weißen, purpurn gestreiften Blüten in der zweiten Sommerhälfte ihren großen Auftritt haben.

H: 7 m

Lophospermum erubescens

Der immergrüne Kletterer mit dreieckigen, mittelgrünen Blättern und rosaroten Röhrenblüten blüht durchgehend von Mai bis Oktober. Im Schlund verblasst das Rosa der Blüten zu rosa gepunktetem Weiß. Kälteempfindliche Gewächshauspflanze.

H: 3 m

Maurandella antirrhiniflora

Die nur bedingt winterharte Staude wird meist als Einjährige kultiviert. Zwischen dem üppigen Grün ihrer Blätter zeigen sich im Sommer attraktive röhrenförmige Blüten in Purpur, Violett und Rosa mit weißem Schlund.

H: 1–2 m

Mutisia

Eine Gattung immergrüner Sträucher, die sich mit Blattranken festhalten. *M. oligodon* trägt rosafarbene Blüten, die sich im Sommer und Herbst öffnen. Der Flor von *M. decurrens* leuchtet in kräftigem Orange. Beide Arten brauchen einen geschützten Standort.

H: bis 3 m

Parthenocissus henryana

Die handförmig geteilten, grünen Blätter dieses eleganten, wuchskräftigen, Laub abwerfenden Kletterers fallen durch ihre weiße Aderung ins Auge. Die Art hält sich mithilfe von Haftscheiben fest und ist die ideale Begrünung für unansehnliche Wände.

H: 10 m

Andere Kletterer (Pa–St)

Parthenocissus quinquefolia
Die Gewöhnliche Jungfernrebe (Wilder Wein) genannt, bildet im Sommer perfekten Sichtschutz. Sie verabschiedet sich im Herbst mit leuchtendem Rot von der Gartenbühne und kann zur Begrünung von Mauern verwendet oder an Bäumen hochgezogen werden.

H: 15 m
❄❄❄ 💧 ☼ 🏆

Parthenocissus tricuspidata
Die Dreilappige Jungfernrebe ist an einer hohen Mauer oder einem Gebäude ein echter Blickfang. Sie bedeckt ihre Stütze in relativ kurzer Zeit mit ihren mittelgrünen Blättern, die sich im Herbst vor dem Laubfall lebhaft purpurrot färben.

H: 20 m
❄❄❄ 💧 ☼ 🏆

Passiflora caerulea
Die Passionsblume verleiht Pergolen, Rankgittern und Bögen ein exotisches Flair. Ältere Exemplare setzen im Herbst bisweilen nichtessbare, orangefarbene Früchte an.
'Constance Elliott' ist eine reinweiße Variante.

H: 10 m
❄❄ 💧 💧 ☼ 🏆

Pileostegia viburnoides
Ein holziger, immergrüner Kletterer mit ledrigen, dunkelgrünen Blättern. Er öffnet im Spätsommer und Herbst cremeweiße, sternförmige Blüten in dichten Rispen, die über das Laub hinausragen und willkommene Farbtupfer setzen.

H: 6 m
❄❄ 💧 ☼ ◑ 🏆

Rhodochiton atrosanguineus
Wie winzige, rosafarbene Fallschirme sehen die Blüten des Rosenkelchs mit ihren schmalen, purpurfarbenen Röhren unter rosafarbenen Kelchen aus. Da der mehrjährige Kletterer keinen Frost verträgt, wird er meist einjährig gezogen.

H: 3 m
❀ 💧 💧 ☼ 🏆

Schisandra
Die wohl schönste Art dieser Gattung ist das Rotblühende Spaltkölbchen (*S. rubriflora*), das seine kräftig roten Blüten im April und Mai öffnet. An windenden, holzigen Trieben trägt es rundliche Blätter. Weibliche Exemplare entwickeln rote Früchte.

H: 10 m
❄❄❄ 💧 💧 ☼ ◑

Schizophragma integrifolium
Diese Art erinnert an die Kletter-Hortensie, hat jedoch etwas größere Blätter und Blütenstände. Mit dem über das Laub hinausragenden, weißen Flor wirkt sie sehr dekorativ. Aus der Reihe tanzende Triebe schneidet man nach der Blüte im Hochsommer zurück.

H: 12 m
❄❄ 💧 ☼ ◐ 🏆

Smilax
Die klimmenden Arten dieser Gattung treiben leicht stachelige Triebe und glänzend grünes Laub aus. *S. aspera* trägt im Spätsommer kleine, duftende Blüten, *S. china* blüht bereits im späten Frühjahr. Man zieht sie möglichst im Gewächshaus.

H: bis 5 m
❄❄ 💧 💧 ☼ ◐

Solanum crispum
Der immergrüne oder halbimmergrüne Strauch ist eine Bereicherung für jeden Garten. *S. crispum* 'Glasnevin' 🏆 hat schlanke, mittelgrüne Blätter und lang haltende, purpurblaue Blüten, die im Sommer erscheinen. Ggf. nach der Blüte zurückschneiden.

H: 6 m
❄❄ 💧 💧 ☼ ◐ 🏆

Solanum laxum
Dieser seltene Exot unter den Nachtschatten ist ein wuchskräftiger Kletterer mit glänzend grünem Laub und duftenden, blauen Blüten, die sich im Sommer und Herbst öffnen. *S. laxum* 'Album' 🏆 trägt weiße Blüten mit gelbem Auge. Gewächshauspflanze.

H: 6 m
❄ 💧 💧 ☼

Sollya heterophylla
Australien ist die Heimat dieses windenden, immergrünen Kletterers, der wegen seiner glockenförmigen, blauen Blüten kultiviert wird. Man zieht die Pflanze in Töpfen an einem Stangenzelt oder Obelisken. Im Winter muss sie unter Glas gebracht werden.

H: 1,5–2 m
❄ 💧 💧 ☼ ◐ 🏆

Stauntonia hexaphylla
Ein schnellwüchsiger, immergrüner Kletterer mit kleinen Büscheln hängender, cremegelber Blüten. Ideal zum Begrünen einer unansehnlichen Wand. Weibliche Exemplare tragen im Herbst purpurfarbene Früchte. Nach der Blüte oder im Frühjahr zurückschneiden.

H: 10 m
❄❄ 💧 ☼ ◐

Andere Kletterer (Te–Wi)

Tecoma capensis
Ein immergrüner Strauch, der nur bedingt winterhart ist und daher am besten im Gefäß gezogen und im Winter nach drinnen gebracht wird. Die orangefarbenen Blüten erscheinen im Sommer. 'Aurea' (siehe Abb.) trägt goldgelben Flor.

H: 2–7 m

Thunbergia alata
Die Schwarzäugige Susanne ist eine ausgesprochen dekorative, immergrüne Staude. Charakteristisch sind ihre leuchtend orangegelben Blüten mit auffälligem, schwarzem Auge. Man zieht sie am besten in Töpfen an einer Metall- oder Holzpyramide.

H: 2,5 m

Trachelospermum asiaticum
Dieser holzige, immergrüne Kletterer macht durch glänzend grünes Laub und kleine, duftende, weiße, später gelbe Blüten auf sich aufmerksam. Er gibt einen ansehnlichen Wandstrauch ab und kann an Drähten oder einem Rankgitter gezogen werden.

H: 6 m

Trachelospermum jasminoides
Der Chinesische Sternjasmin ist ein Kletterer erster Güte. Er schmückt sich mit propellerartigen, duftenden, weißen Blüten. Seine windenden, holzigen Triebe tragen ein dichtes Kleid aus dunkelgrünen Blättern, die im Winter einen Bronzeton annehmen.

H: 9 m

Tropaeolum majus
Von der Großen Kapuzinerkresse sind eine ganze Reihe kletternder Formen verbreitet. Sie sind in den unterschiedlichsten Farben von Cremeweiß bis Tiefrot erhältlich. Es gibt ungefüllte und gefüllte Formen sowie solche mit panaschiertem Laub.

H: 1–3 m

Tropaeolum peregrinum
Diese wüchsige Kapuzinerkresse wird wegen ihrer blaugrünen Blätter und der kanariengelben Blüten geschätzt. Sie ist eine Bereicherung für jede Pergola oder Stangenpyramide. Die fedrigen, fast flügelartigen Blüten öffnen sich im Sommer und Herbst.

H: 2,5–4 m

Tropaeolum speciosum

»Flammenkriecher« nennt man diese Kapuzinerkresse in Großbritannien, die mit ihrem feurig roten Flor in jedem Garten Aufmerksamkeit erregt. Sie braucht zwar Sonne, der Wurzelraum sollte aber gut beschattet sein.

H: 3 m und mehr

Tropaeolum tuberosum

Die graugrün belaubte Knollenstaude trägt kleine, orangegelbe Blüten, die an langen Stielen hoch über dem Laub stehen. Sie blüht von Juli an bis zum ersten Frost. In unseren Breiten nimmt man die Knollen auf und lagert sie den Winter über frostfrei.

H: 2–4 m

Tweedia caerulea

Ein strauchiger, immergrüner Kletterer mit ungewöhnlicher Blütenfarbe. An haarigen Stängeln stehen daunig behaarte, hellgrüne Blätter. Von Sommer bis Herbst trägt die Pflanze türkisblaue Sternblüten. Man überwintert sie an einem frostfreien Platz.

H: 60–100 cm

Vitis coignetiae

Die prachtvolle Rostrote Rebe ist ein wuchskräftiger, sommergrüner Kletterer mit herzförmigen, oberseits runzeligen, unterseits filzig behaarten Blättern. Da sie recht schwer wird, braucht sie eine stabile Pergola oder ein robustes Wandgitter als Stütze.

H: 15 m

Wisteria floribunda **'Multijuga'**

Wo immer er wächst, ist dem Japanischen Blauregen mit seinen bis zu 1,2 m langen Trauben aus duftenden, fliederblauen Blüten die Aufmerksamkeit sicher. Weil die langlebige Pflanze im Lauf der Zeit sehr schwer wird, braucht sie eine tragfähige Stütze.

H: 9 m und mehr

Wisteria x *formosa*

Ein wüchsiger, windender, holziger Kletterer mit elegantem Habitus. Im Juni und Juli begeistert der Formosa-Blauregen mit purpurlila Schmetterlingsblüten, die Farbe und Duft in den Garten bringen. Oft bilden sich nach der Blüte pelzige Samenschoten.

H: 9 m

Rosen (Al–Go)

***Rosa* 'Albertine'**
Eine schnellwüchsige, verlässliche Schlingrose mit reicher Blüte im Hochsommer. Die gefüllten Büten sind hell lachsrosa gefärbt und duften stark. Man zieht die Sorte an einer niedrigen Mauer oder einem Zaun. Nach der Blüte zurückschneiden.

H: bis 5 m
❄❄❄ ◐ ○ ☼ 🏆

***Rosa* 'Aloha'**
Eine niedrige Kletterrose mit ledrigen, dunkelgrünen Blättern und einer Vielzahl gefüllter, rosafarbener Blüten. Man schneidet Haupttriebe nur zurück, um sie im Zaum zu halten. Seitentriebe werden im Spätherbst oder Frühjahr um zwei Drittel eingekürzt.

H: bis 3 m
❄❄❄ ◐ ○ ☼ 🏆

***Rosa banksiae* 'Lutea'**
Eine bezaubernde Kletterrose mit dornlosen Trieben und unzähligen, gefüllten, strohgelben, zart duftenden Blüten, die sich im späten Frühjahr büschelweise öffnen. Ihre Blütentriebe werden zwischen Spätherbst und zeitigem Frühjahr zurückgestutzt.

H: bis 6 m
❄❄ ◐ ○ ☼ 🏆

***Rosa* 'Bobbie James'**
Eine sehr wuchskräftige Schlingrose mit riesigen Köpfen aus cremeweißen, halbgefüllten Blüten, die sich im Sommer entfalten. Die glänzenden Blätter sind beim Austrieb rötlich grün und färben sich später mittelgrün. Im Sommer nach der Blüte schneiden.

H: bis 10 m
❄❄❄ ◐ ○ ☼ 🏆

***Rosa* 'Breath of Life'**
Eine kletternde, remontierende Teehybride mit apricotfarbenen, duftenden Blüten, die im Sommer und Herbst erscheinen. Man zieht sie an Drähten vor einer Mauer oder an einem Bogen. Zurückgeschnitten wird sie zwischen Spätherbst und Frühjahr.

H: 2,5 m
❄❄❄ ◐ ○ ☼

***Rosa* 'Climbing Iceberg'**
Wenn diese Rose in vollem Flor steht, bietet sie einen atemberaubenden Anblick. Die Blüten erscheinen vom Sommer bis in den Herbst hinein, vor allem wenn man die Sorte ungehindert in die Höhe wachsen lässt. Man schneidet sie zwischen November und März.

H: 3 m
❄❄❄ ◐ ○ ☼ 🏆

Rosa 'Climbing Mrs. Sam McGredy'
Eine wuchskräftige Teehybride mit kupferbraunen Blättern und großen, kupferroten bis lachsrosafarbenen Blüten, die sich im Sommer öffnen. Man kann sie an Bäumen hochziehen. Der Schnitt erfolgt zwischen Spätherbst und zeitigem Frühjahr.

H: 3 m
❄❄❄ ◐ ○ ☼ 🏆

Rosa 'Compassion'
Eine aufrechte, kletternde Teehybride, die ihre duftenden, gefüllten, lachsrosafarbenen Blüten im Sommer und Herbst präsentiert. Das glänzend dunkelgrüne Laub ist sehr krankheitsresistent. Zurückgeschnitten wird sie zwischen Spätherbst und Frühjahr.

H: 3 m
❄❄❄ ◐ ○ ☼ 🏆

Rosa 'Dublin Bay'
Eine remontierende, kletternde Floribunda-Rose mit großen Büscheln aus gefüllten, roten Köpfen. Man kann sie an einer Wand bzw. einem Bogen ziehen oder zu einem Strauch stutzen. Schnitt: vom Spätherbst bis zum zeitigen Frühjahr.

H: 2,2 m
❄❄❄ ◐ ○ ☼ 🏆

Rosa 'Félicité et Perpétue'
Eine auch 'Félicité-Perpétue' genannte, verlässliche, halbimmergrüne Schlingrose, die im Sommer aus rosa getönten Knospen rosettenförmige, gefüllte, cremeweiße Blüten entfaltet. Sie ist wüchsig und bildet eine dichte Masse aus Laub und Blüten.

H: bis 5 m
❄❄❄ ◐ ○ ☼ 🏆

Rosa 'François Juranville'
Eine Schlingrose mit glänzendem Laub und langen, eleganten Trieben. Sie trägt im Sommer Büschel aus rosettenförmigen, gefüllten, lachsrosafarbenen Blüten, die nach Apfel duften. Der Schnitt erfolgt im Sommer nach der Blüte.

H: 6 m
❄❄❄ ◐ ○ ☼ 🏆

Rosa 'Golden Showers'
Eine aufrechte Kletterrose mit langer Blühdauer. Sie eignet sich besonders für schattigere Standorte und trägt große, duftende, gefüllte bis halbgefüllte, goldgelbe Blüten, die allmählich verblassen. Man schneidet sie zwischen Spätherbst und Frühjahr.

H: bis 3 m
❄❄❄ ◐ ○ ☼ 🏆

Rosen (Ha–Ze)

***Rosa* 'Handel'**
Eine Kletterrose mit kräftigem, aufrechtem Wuchs. Sie trägt glänzendes, dunkelgrünes Laub und hübsche gefüllte, blass rosafarbene Blüten mit dunklerem Rand. Sie blüht vom Sommer bis in den Spätherbst hinein. Der Schnitt erfolgt zwischen November und März.

H: 3 m
❄❄❄ 💧 ○ ☼ 🏆

***Rosa* 'Laura Ford'**
Diese aufrechte, kletternde Zwergrose öffnet im Sommer und Herbst schwach duftende, halbgefüllte, gelbe Blüten, die in Büscheln stehen. Man schneidet diese Rose zwischen Spätherbst und zeitigem Frühjahr zurück.

H: 2,2 m
❄❄❄ 💧 ○ ☼ 🏆

***Rosa* 'New Dawn'**
Eine wüchsige Kletterrose mit bogigen Trieben, glänzendem Laub und Büscheln aus blass rosafarbenen, frisch duftenden Blüten. Diese Züchtung verträgt karge Böden und schattigere Standorte. Sie wird zwischen November und März gestutzt.

H: 3 m
❄❄❄ 💧 ○ ☼ 🏆

***Rosa* 'Phyllis Bide'**
Im Gegensatz zu den meisten Schlingrosen ist diese Züchtung remontierend. Ihre duftenden, gelben Blüten mit rosa überlaufenen Kronblättern erscheinen vom Sommer bis in den Herbst hinein. Zurückgeschnitten wird diese Rose im Sommer nach der Blüte.

H: 2,5 m
❄❄❄ 💧 ○ ☼ 🏆

***Rosa* 'Pink Perpétué'**
Eine vielseitige, remontierende Kletterrose mit dunkelgrünem Laub und dicht gefüllten, schwach duftenden, rosaroten Blüten. Sie zeichnet sich durch eine lange Blüte vom Sommer bis zum Herbst aus. Man schneidet sie in der Ruheperiode zurück.

H: bis 3 m
❄❄❄ 💧 ○ ☼

***Rosa* 'Sander's White Rambler'**
Eine wüchsige Schlingrose mit glänzendem, blassgrünem Laub und kleinen, duftenden, weißen, gefüllten Blüten an biegsamen Trieben. Diese Rose verträgt schattige Standorte, karge Böden und ist sehr wuchsfreudig. Der Schnitt erfolgt im Sommer nach der Blüte.

H: 4 m
❄❄❄ 💧 ○ ☼ 🏆

Rosa 'Schoolgirl'

Eine kletternde, remontierende Teehybride, die mit großen, gefüllten, tief apricotfarbenen, duftenden Blüten beeindruckt. Ihre Blütezeit erstreckt sich vom Sommer bis zum Herbst. Man schneidet sie zwischen November und März.

H: 3 m

❄❄❄ ◐ ◯ ☼

Rosa 'Seagull'

Diese wüchsige Schlingrose trägt bogig übergeneigte Triebe mit graugrünem Laub und unzähligen, kleinen, cremeweißen Blüten, aus deren Mitte ein Büschel gelber Staubgefäße herausragt. Sie blüht den ganzen Sommer; dann gleich zurückschneiden.

H: 6 m

❄❄❄ ◐ ◯ ☼ 🏆

Rosa 'Summer Wine'

Eine wunderschöne, remontierende, schnellwüchsige Kletterrose mit ungefüllten, korallenrosafarbenen, duftenden Blüten im Sommer und Herbst. Man stutzt sie zwischen Spätherbst und zeitigem Frühjahr zurück.

H: 3 m

❄❄❄ ◐ ◯ ☼ 🏆

Rosa 'Warm Welcome'

Diese Zwergrose gehört zu den am reichsten blühenden kletternden Rosen überhaupt. Ihre gefüllten, orangeroten Blüten bedecken vom Sommer bis zum Herbst praktisch die gesamte Pflanze. Zurückgeschnitten werden muss sie zwischen November und März.

H: 2,2 m

❄❄❄ ◐ ◯ ☼ 🏆

Rosa 'Wedding Day'

Im Sommer öffnet diese wüchsige Schlingrose stark duftende, ungefüllte, dann cremegelbe und schließlich weiße Blüten in großen Büscheln. Man zieht sie an einem Baum oder einer großen Pergola. Der Schnitt erfolgt im Sommer nach der Blüte.

H: 8 m

❄❄❄ ◐ ◯ ☼

Rosa 'Zéphirine Drouhin'

Bekannt geworden ist diese kletternde Bourbon-Rose wegen ihrer unbedornten Triebe. Sie zeichnet sich durch einen offenen, lockeren Habitus und die vielen stark duftenden Blüten aus. Man kann sie an einer schattigen Wand oder als Heckenpflanze ziehen.

H: 3 m

❄❄❄ ◐ ◯ ☼

Bezugsquellen

Clematis

F. M. Westphal Clematiskulturen
Peiner Hof 7
25497 Prisdorf
Tel.: 04101-74104
Fax: 04101-781113
www.clematis-westphal.de

Lothar Sachs Clematisgärtnerei
Großstückenweg 10
01445 Radebeul

Clematis Baumschule Wilhelm Kruse
Wallenbrücker Str. 14
49328 Melle/Westhoyel
Tel.: 05226-989866
Fax: 05426-989867
www.clematis.de

Steinegger Baumschulen
Staffelweg 10
79618 Rheinfelden
Tel.: 07623-3148
Fax: 07623-61988
www.sunshine-garden.de

Manfred Herian, Clematisspezialitäten
Adlesweg 11
89440 Unterliezheim

Kletterpflanzen allgemein

T. u. U. Meyer Schling- und Kletterpflanzen
Westersteder Str. 57
26340 Zetel-Collstede
Tel.: 04452-1567
Fax: 04452-7961
www.kletterpflanzen-handel.de

Fassadengrün
Leopoldstraße 12
04277 Leipzig
Tel.: 0341-2257810
Fax: 0341-2257639
www.fassadengruen.de

Mario Hollmann
Kollenbacher Str. 15
51515 Kürten-Biesfeld
Tel./Fax: 02207-848215
Handy: 0177-7901074
www.efeugarten.de

Abtei Neuburg, Gärtnerei für Efeu
Stiftweg 2
69118 Ziegelhausen-Heidelberg
Tel.: 06221-895-0

Rosen

Baum- & Rosenschule
Holger Clausen
Schleswiger Straße 46
24860 Böklund
Tel.: 04623-1851-0
Fax: 04623-7353
www.baumschule-clausen.de.

Rosen-Direct
Brannenweg 21
25499 Tangstedt bei Pinneberg
Tel.: 04101-8448208
www.rosen-direct.de

Rosengärtnerei Kalbus
Hagenhausener Hauptstr. 112
90518 Altdorf
Tel.: 09187-5729
Fax: 09187-5722
www.rosen-kalbus.de

W. Kordes' Söhne Rosenschulen
GmbH & Co KG
Rosenstr. 54
25365 Klein Offenseth-Sparrieshoop
www.kordes-rosen.com

Lacon GmbH, Hockenheim
J.-S.-Piazolo Straße 4a
68766 Hockenheim
Tel.: 06205-4001
Fax: 06205-18574
www.lacon-rosen.de

Rosen-Union e.G.
Steinfurther Hauptstr. 27
61231 Bad Nauheim Steinfurth
Tel.: 06032-965301
Fax: 06032-86220
www.rosen-union.de

Baumschule Rosenzeiten
Steegenweg 14
26160 Bad Zwischenahn
Tel.: 04403-71157
Fax: 04403-71170
www.rosenzeiten.de

Karl Otto Schütt
Vorder-Neuendorf 16
25554 Neuendorf/Wilster
Tel.: 04823-9195
Fax: 04823-9196
www.historische-rosen-schuett.de

Rosenschule Weingart
Hirtengasse 16
99947 Bad Langensalza/Ufhoven
www.frost-burgwedel.de

Karl Zundel
Baum- und Rosenschule
Warburger Str. 2
34246 Vellmar

Tel.: 0561-821582
Fax: 0561-8200762
www.rosen-zundel.de

Schweiz:

Richard Huber AG
Rothenbühlstrasse 8
CH-5605 Dottikon
Tel.: 056 624 18 27
Fax: 056 624 24 24
www.rosen-huber.ch

Österreich:

Baumschule Amschl
Raabau 77
A-8330 Feldbach
Tel./Fax: 03152-2395
www.amschl.at

Kletterhilfen

Thorwald Brandwein
Postfach 1103
53886 Mechernich
Tel.: 02443-901266
Fax: 02443-901200
www.biotekt.de

Register

D

E, F

G

H

I

J

K

Register

Bildnachweis und Dank

Der Herausgeber dankt folgenden Personen und Institutionen für die freundliche Genehmigung zum Abdruck der Abbildungen:

(Schlüssel: o = oben; u = unten; m = Mitte; l = links; r = rechts; g = ganz oben)

6-7: DK Images: Steve Wooster/RHS Chelsea Flower Show 2001/Brighstone and District Horticultural Society. **8:** Leigh Clapp: (g). Andrew Lawson: Barnsley House, Glos. (u). 9: Andrew Lawson. **10:** S & O Mathews Photography: The Little Cottage, Lymington, Hants (l), The Garden Collection: Liz Eddison/Hampton Court Flower Show 2000/Designer: Paul Stone (r). 1**1:** Marianne Majerus Photography: Coughton Court, Warks (l). **12:** The Garden Collection: Gary Rogers/Designer: Ngaere Mackay und David Seeler (ul). John Glover: Bransford Nursery, Worcs. (g). **13:** Marianne Majerus Photography: RHS Rosemoor. **14:** Andrew Lawson: Pine House, Leics. (gl), The Garden Collection: Liz Eddison (gr) (u); Liz Eddison/Designer: Bob Purnell (gm). **15:** Andrew Lawson: RHS Chelsea 1996/Designer Stephen Woodhams. **17:** The Garden Collection: Jonathan Buckley/Designer: Christopher Lloyd, Great Dixter (gl), S & O Mathews Photography: Pashley Manor, Sussex (gr), Modeste Herwig: Theetuin, Weesp, The Netherlands (u). **18:** John Glover: Kew Gardens, Surrey. **19:** Modeste Herwig: Manor House, Birlingham (g), The Garden Collection: Liz Eddison (u). **20:** The Garden Collection: Liz Eddison/Chelsea Flower Show 2004/Designer: Stephen Hall (g); Liz Eddison/RHS Chelsea Flower Show 2003/Designer: Kay Yamada (ur). Andrew Lawson: (ul). **21:** Derek St Romaine. **22:** Marianne Majerus Photography: Knoll House. **23:** The Garden Collection: Liz Eddison (g). Andrew Lawson: (u). **24:** The Garden Collection: Liz Eddison (g), DK Images: Steve Wooster/ RHS Chelsea Flower Show 2001/Brighstone Horticultural Club (ul), John Glover: (ur). **26:** Derek St Romaine: RHS Rosemoor (g), Marianne Majerus Photography: Bedfield Hall, Suffolk (u). **27:** Derek St Romaine: Mr und Mrs Lusby (g), Marianne Majerus Photography: Designer: Kevin Wilson (ul), DK Images: Steve Wooster/RHS Chelsea Flower Show 2001/Heathend Garden Club (ur). **28:** S & O Mathews Photography: North Court, Isle of Wight (g), John Glover: (u). **29:** Leigh Clapp: Houghton Lodge (r). Derek St Romaine: Mr und Mrs Borrett (ul). **30:** The Garden Collection: Derek Harris (g). S & O Mathews Photography: Eastern Cottage, Yarmouth, IOW (u). **31:** S & O Mathews Photography. (g), The Garden Collection: Gary Rogers/Designers: Designers: Ngaere Mackay und David Seeler (u). **32:** Andrew Lawson: (g) (u). **33:** Derek St Romaine. **36:** John Glover: (g). **38:** The Garden Collection: Liz Eddison/Designer: Bob Purnell (g). 39: Leigh Clapp: (g). **64–65:** Modeste Herwig: Gardens of the Rose. **66:** The Guernsey Clematis Nursery Ltd/Thompson & Morgan. **69:** Nicola Stocken Tomkins: Gantsmill, Bruton, Somerset. **70:** S & O Mathews Photography: (ul). **71:** S & O Mathews Photography**. 72:** Garden World Images: (gr). **73:** Andrew Lawson: Cothay Manor, Somerset. **74:** Clive Nichols: Lower House Farm, Gwent (ul). **75:** Clive Nichols: Lower House Farm, Gwent. **77:** Harpur Garden Library: Marcus Harpus/Mr & Mrs Grice, Essex. **79:** Leigh Clapp: Hannath Garden. **81:** John Glover: RHS Chelsea Flower Show 1991/Agriframes. 83: Andrew Lawson. **85:** DK Images: Mark Winwood/Hampton Court Flower Show 2005/Elysium Design von Paul Hensey. **86:** The Garden Collection: Jonathan Buckley/Designer: Christopher Lloyd (gl). **87:** The Garden Collection: Jonathan Buckley/Designer: Christopher Lloyd. **96:** Leigh Clapp: Meadow Cottage (g). **98:** Mark Winwood: (gr) (ur). **99:** Mark Winwood. **116:** Holt Studios International: Michael Mayer/FLPA (gr). **117:** RHS Tim Sandall (m), (mr). **118:** RHS Tim Sandall (ul). **119:** Modeste Herwig: (gl), RHS Tim Sandall (gr). **140:** Garden World Images: (ul). **141:** Garden World Images: (gl). **142:** Garden World Images: (um). **145:** Thompson & Morgan (ul). **146:** Garden Picture Library: J S Sira (ur). **150:** crocus.co.uk (gl). 153: crocus.co.uk (um).

Dorling Kindersley dankt außerdem folgenden Personen:
Redaktionsassistenz: Helen Ridge, Fiona Wild, Mandy Lebentz
Designassistenz: Elly King, Murdo Culver
Register: Michele Clarke

Ein Dank geht an Forest Garden (www.forestgarden.co.uk) für die Überlassung des Rosenbogens und der Rabatteneinfassung auf den Seiten 44 und 45.